# DIPLOMATIE DE ROBINET

## Une nouvelle stratégie de coopération sur l'eau douce du Bassin du Congo

Franklin ONIEMBA MUNDALA

# DIPLOMATIE DE ROBINET

## Une nouvelle stratégie de coopération sur l'eau douce du Bassin du Congo

Préface de Dr Daniel Makiesse Mwana Wa Nzambi

L'Harmattan

**5-7, rue de l'École-Polytechnique ; 75005 Paris**

www.editions-harmattan.fr

ISBN : 978-2-336-40756-2
EAN : 9782336407562

« A l'avenir nous aurons suffisamment d'eau si nous coopérons et si nous partageons. (…) Eviter les tensions et les guerres (éventuelles), c'est d'abord contribuer à bâtir des murs d'eaux plutôt que des murs d'indifférence (…). »

**Loïc FAUCHON**

A
Laurent-Emmanuel
Marie-Godelieve
Mariana-Nadège.

Je dédie cet ouvrage.

# AVANT-PROPOS

Cet ouvrage est la version remaniée de ma thèse de doctorat en Relations Internationales à l'Université de Kinshasa.

En effet, cette recherche scientifique a bénéficié du concours de plusieurs personnes. Je me fais ainsi le devoir d'exprimer ma sincère gratitude à tous ceux qui, à des degrés divers, m'ont accompagné dans sa matérialisation.

Ainsi, j'exprime ma reconnaissance aux Professeurs Jean Omeonga Onakudu, Daniel Makiesse Mwana wa Nzambi et Godefroid Mwamba Matanzi, qui ont été respectivement promoteur et co-promoteurs de la thèse, grâce à qui le projet a pu mûrir. En dépit de leurs multiples charges, ils ont fait preuve de conscience professionnelle d'une rare probité, en consacrant une part précieuse de leurs temps, prenant en partage mes préoccupations fondamentales dans le souci de me voir aller de l'avant.

Je remercie aussi vivement les Professeurs Célestin Musao, Cosma Wilungula, Félicien Lukoki, Joseph Nsabua et Willy Mbalanda, membres du jury, pour avoir consacré de leur temps précieux à la lecture ainsi qu'aux échanges. Leur contribution sur des points précis a été importante à maints égards.

Que les autres Professeurs de l'Université de Kinshasa/ Faculté des Sciences Sociales, Administratives et Politiques/ Département des Relations Internationales se sentent congratulés pour les soins apportés à ma formation sur le plan académique.

Aux membres de ma famille, pour leur appui sans relâche.

A mes amis que sont entre autres, Gabriel Wembolua, Florent Kabongo, Lambert Matondo et Sylvie Furaha, pour la chaleur de l'amitié et pour les encouragements m'ayant servi d'ancrage solide lorsque pouvaient survenir quelques velléités d'abandonner.

Je n'oublie pas Côme-Damien Nazaire Tsunda Mbulu, qui a effectué la mise en page du texte et servi de pont vers l'éditeur.

*Franklin ONIEMBA MUNDALA*

# PREFACE

Dans ses recherches portant sur la thématique *Eau douce du Bassin du Congo et Développement durable en Afrique*, Franklin ONIEMBA MUNDALA est resté profondément préoccupé et concentré sur la possibilité d'explorer une perspective géopolitique nouvelle de coopération concernant cette ressource géostratégique à risque. C'est la raison d'être de la présente publication qui vient prolonger sa réflexion sur la question d'accès stratégique pour tous à l'eau douce du bassin du Congo. Ainsi, je me réjouis de la confiance et de l'honneur que me fait l'auteur, en me demandant de préfacer son ouvrage.

Avec les premières explorations bibliographiques sur la thématique sus évoquée, un constat s'est vite dégagé selon lequel les activités des communautés humaines sont tributaires de nombreuses ressources naturelles : c'est les cas des minerais, des ressources pétrolières, des sols et surtout de l'eau douce, qui entre, de manière importante, dans les équilibres géopolitiques contemporains, mais demeure assez inégalement répartie entre les nations. Bien que l'eau soit intensément sollicitée face aux besoins humains innombrables, son inégale répartition met face à face deux catégories d'Etats : d'un côté, ceux qui ont l'eau, et de l'autre, ceux qui souffrent de pénurie et qui tiennent à l'avoir à tout prix, pour des raisons évidentes. Et en Afrique, le bassin du fleuve Congo est l'illustration de cette confrontation géostratégique autour de cet espace hydrique.

En substance, l'auteur conduit son lecteur à appréhender le comportement de la République démocratique du Congo, au regard de l'eau douce dont elle dispose en quantités importantes et le rôle d'acteur pivot que le pays est appelé à jouer à travers la coopération face à cet enjeu. La coopération congolaise constitue un outil d'intelligence stratégique et de technique diplomatique, en vue d'anticiper toute conflictualité autour de la ressource. Ici, le caractère vital et stratégique de l'eau douce de la RD Congo, apparait clair et net, compte tenu des risques et menaces déjà exprimés par certains acteurs étatiques.

Autant dire que l'œuvre de Franklin Oniemba Mundala tombe à pic, car, analysant les enjeux que représente le Bassin du Congo en Afrique, en termes géoéconomique et surtout géostratégique, à travers les convoitises et sollicitations des Etats dépourvus d'eau douce, elle met en évidence scientifique la considération que la coopération régionale constitue une stratégie efficace pour l'équilibre géopolitique régional et efficiente pour le développement durable, sur fond philosophique de la diplomatie de robinet. Néanmoins, à l'encontre des considérations nationalistes et souverainistes, cette évidence constitue un fond théorique pour orienter la démarche décisionnelle et une contribution praxéologique pour soutenir les actions diplomatiques des Etats détenteurs de cette ressource stratégique à risque en ce 21$^{e}$ siècle.

C'est ce qui justifie le fait que l'auteur préconise la création du Programme Commun de Gestion des Ressources Hydriques de l'Afrique comme voie de salut, qui prendra en compte les besoins stratégiques des autres Etats dépourvus de ressources en eau douce.

En suivant son cheminement, le lecteur attentif comprendra progressivement pourquoi Franklin Oniemba Mundala articule sa réflexion dans cet ouvrage à travers quatre chapitres. Le premier traite du cadre de référence conceptuelle et théorique. Le deuxième décrit le contexte géographique et géopolitique du Bassin du Congo et de l'Afrique. Le troisième explore le droit international de l'eau face aux enjeux géopolitiques en Afrique et le quatrième analyse la stratégie congolaise de coopération portant sur la diplomatie de robinet.

La nouvelle approche théorique concernant l'eau douce du Bassin du Congo, soutient l'évidence qui repose sur la pratique communautaire d'intégration effective ouverte, cependant, aux échanges commerciaux internationaux, au-delà du simple usage de la diplomatie et de la coopération dans laquelle la RD Congo est inscrite depuis son existence en tant qu'Etat souverain. Toutefois, les ressources en eau douce de ce bassin ont besoin d'une exploitation rationnelle qui nécessite leur protection et leur conservation en vue des besoins à venir.

J'invite donc les lecteurs à découvrir dans les pages qui suivent, une pensée géopolitique de l'auteur avec des idées qui élargissent les horizons, non seulement dans la compréhension de l'espace stratégique du Bassin du Congo, mais aussi et surtout préconise une géopolitique d'alliance, basée sur la diplomatie de robinet, ouvert à tous.

**Dr Daniel Makiesse Mwana Wa Nzambi**
*Professeur Ordinaire*
*Ambassadeur et Secrétaire Général aux Affaires Etrangères*

# INTRODUCTION

L'eau[1] sert dans toute société, au soutien de l'équilibre vital de toutes les espèces vivantes. A ce titre, elle est l'unité fondamentale de toute essence et de toute existence[2].

Néanmoins, bien que nous vivions sur une planète couverte, pour l'essentiel, de nappes d'eau, la rareté de cette ressource est préoccupante : l'eau douce, ne représentant que 1% des réserves totales de la planète, le reste étant formé par les mers et les océans.

Plusieurs cas illustrent l'importance des mécanismes de coopération pour la régulation des ressources en eau. L'exemple de la Commission Internationale du Bassin Congo-Oubangui-Sangha, « CICOS » en Afrique Centrale, où des politiques efficientes et stratégies positives concernant l'eau douce du bassin du Congo sont formulées, en vue de prévenir toute éventualité, est éloquent.

Devenue un enjeu dans les dynamiques des politiques internes et internationales, l'eau met en exergue des rapports de conflits ou de collaboration. Seulement la pratique montre que le taux de coopération dépasse de loin les cas de conflit grave.

L'intérêt de la recherche sur l'eau douce et le développement durable, thématique dans laquelle s'inscrit ce sujet sur la diplomatie de robinet comme nouvelle stratégie de coopération, n'est plus à démontrer.

Ce sujet a déjà fait l'objet de nombreuses publications scientifiques attestant que l'eau va exacerber les conflits au XXI$^{e}$ siècle, au point d'annoncer çà et là, des « guerres de l'eau ».[3]

---

[1] Le terme employé ici, désigne l'eau douce issue des habitats naturels tels que les fleuves, les lacs, les rivières et les ruisseaux, ainsi que les conduites aménagées par l'homme incluant les puits et les réservoirs.

[2] BARLOW, M. et CLARKE, T., *L'or bleu, le grand enjeu du XXIème siècle*, Fayard, Paris, 2002, p.64.

[3] La guerre de l'eau peut revêtir plusieurs facettes : chaude, une guerre politique et diplomatique, une guerre sournoise et larvée, une guerre par procuration (à travers les réfugiés climatiques, les Mbororos, etc.), ou une guerre comme conflits possibles entre Etats ou de très fortes tensions entre différentes composantes de la société.

En effet, la littérature abondante consacrée à la question de l'eau, présente cette dernière à la fois comme *un enjeu conflictuel, un enjeu de coopération et comme une question socio-politique, économique et environnementale.*

Les auteurs qui présentent l'eau comme un enjeu conflictuel[1], sont arrivés à la conclusion qu'elle peut être à la base de guerres au 21ème siècle : des guerres comme des conflits ouverts possibles entre Etats, et des conflits au sens de très fortes tensions entre différentes composantes d'une société.

Les chercheurs pour qui l'eau est un *enjeu de coopération ou de pacification*[2]*, admettent à la fin de leur réflexion, que la coopération sur l'eau semble réalisable même en cas de situation conflictuelle.*

---

[1] MUTINGA MUTUISHAYI, M., *Le fleuve Congo et ses affluents : un château d'eau convoité. La guerre de l'eau aux portes de la RDC*, éd. Le Potentiel, Kinshasa, 2014, pp. 11-12 et 50 ; LACOSTE, Y., *L'eau dans le monde, les batailles pour la vie*, éd. Larousse, Paris, 2010, p. 85 ; LASSERRE, F., *Les guerres de l'eau. L'eau au cœur des conflits du XXIe siècle*, éd. Delavilla, Paris, 2011, p. 61 ; GEMENE, F. (dir.), *L'enjeu mondial. L'environnement*, éd. Sciences Po, Paris, 2015, p. 71 ; ANOUAR el-SADATE, Président égyptien le 19 septembre à 1979, déclarait : « l'eau est le seul mobile qui entraînerait l'Egypte dans une nouvelle guerre » ; Boutros Boutros-GHALI, ancien Secrétaire Général des Nations Unies laissait entendre que « la prochaine guerre du Moyen-Orient sera provoquée par l'eau » ; Ismail SERAGELDIN, affirmait : « les guerres du siècle prochain (parlant du 21e siècle), auront l'eau pour enjeu».

[2] ASSOULINE, Jeanine et Samuel, *Géopolitique de l'eau,* Studyrama, Paris, 2012, p. 208 ; MOVA SAKANYI, H., « La géopolitique de l'eau : pour une gestion stratégique des ressources hydriques », in DOUNIA, *Revue scientifique du CISRI*, n°1, novembre-décembre 2006, p. 25 ; WOLF, A., et alii, « L'eau peut être un chemin vers la paix, et non vers la guerre », in *Water policy*, n°1, 2008, p. 251 ; TERTRAIS, B., *La guerre*, éd. PUF, Coll. « Que sais-je ?», Paris, 2010, p. 5 ; ORSENNA, E., *L'Avenir de l'eau, petit précis de mondialisation*, Tome II, éd. Fayard, Paris, 2008, p. 364 ; HELLENDORFF, B., *L'eau, les conflits et la coopération-Gestion de l'eau en Afrique de l'Ouest : Risques et opportunités*, éd. GRIP, Bruxelles, 2013, p. 1 ; POSTEL, S., *La dernière oasis. L'eau en danger*, éd. Nouveaux Horizons, Paris, 1992, pp. 57-58 ;

[2] LASSERRE, F. et DESCROIX, L., *Eaux et Territoires: tensions, coopérations et géopolitique de l'eau*, éd. L'Harmattan, Paris, 2003, p. 49.

La rubrique relative à l'eau comme *une question socio-politique, économique et environnementale*[1], classe des auteurs qui finissent par conclure que la prise de conscience de la valeur est de la fragilité de l'eau impose une attitude responsable pour assurer sa pérennité par la protection et le renouvellement de la ressource.

Les considérations susmentionnées ont amené certains analystes à soutenir que la République démocratique du Congo est le château d'eau d'Afrique, que les ressources en eau de son fleuve sont considérables et de ce fait, elles sont convoitées par d'autres pays, fussent-ils d'Afrique ou d'ailleurs.[2] Ceci appelle par voie de conséquence, une coopération pragmatique, à même de donner lieu à divers projets dans le cadre du Nouveau Programme Economique pour le Développement de l'Afrique.

Celle-ci est, certainement, dans sa grande diversité, le continent où la question d'eau douce, dans toutes ses dimensions sociale, politique, environnementale, économique, pèse le plus lourdement sur son avenir. L'eau douce y est distribuée inéquitablement à travers les pays et les régions à cause de la variabilité dans les modèles de précipitations. Le tiers de l'écoulement qu'il y a lieu, se produit dans le seul bassin du Congo qui couvre une bonne partie de la surface du continent. A lui seul, le fleuve Congo représente la moitié de toutes les eaux

---

[1] GALLAND, F., L'eau : *Géopolitique, enjeux, stratégies*, éd. CNRS, Paris, 2008, p. 151 ; KASONGO NUMBI KASHEMUKUNDA, *Eaux et forêts de la RD Congo : un défi géostratégique*, éd. L'Harmattan, Paris, 2008, pp. 95-100 ; ROCHE, P-A., « L'eau, enjeu vital pour l'Afrique » in *RAMSES 2001*, IFRI, Paris, 2000, pp. 1-2 ; Cette diplomatie de robinet se veut une théorie de recherche de solution par anticipation à la question de l'eau telle qu'elle se pose en Afrique, avec comme alternative la diplomatie de l'arbre (reboisement). C'est de la géopolitique de projection ou de prospection. Le robinet, on le sait, automatise l'approvisionnement en eau en cachant tout le processus, depuis le captage jusqu'à la production, mais également les réalités géographiques et hydrauliques diverses ; Il s'agit de l'intégration régionale dans le domaine de l'eau ; ONIEMBA MUNDALA, F., « L'eau douce de la RD Congo : Pour un avenir de paix ou de conflits en Afrique ? », in *Mouvements et Enjeux_Sociaux, Revue internationale de la Chaire de Dynamique Sociale*, n°108, Kinshasa, janvier-mars 2019, p. 55.

[2] CROS, M-F et MISSER, F., *Géopolitique du Congo (RDC)*, éd. Complexe, Bruxelles, 2006, p. 27.

africaines déversées dans l'Atlantique.[1] A ce titre, le pays jouerait le rôle de locomotive dans la coopération régionale autour de l'eau douce, surtout qu'elle fait l'objet des sollicitations à ce sujet.

A la lumière de ce qui précède, cette étude suscite plusieurs interrogations parmi lesquelles :

- Quel est le contexte géographique et géopolitique de l'eau douce du Bassin du Congo ?
- Comment l'eau de ce Bassin peut-elle favoriser la matérialisation de la coopération régionale dans le but d'enclencher le développement durable de la région ?
- Quelle stratégie mettre en place par la République démocratique du Congo en vue de la stabilité de l'Afrique en matière d'eau ?

En guise de réponses anticipatives, les présupposés suivants ont été alignés :

Le bassin du Congo est suffisamment pourvu en plans d'eau douce. Géographiquement situé en plein cœur de l'Afrique, le bassin versant du Congo s'étend à travers dix pays, ce qui lui confère une dimension régionale pour le partage de ses ressources en eau. Ce bassin repose essentiellement sur le fleuve Congo,[2] et constitue un réseau hydrographique parmi les plus puissants du continent.

Le fleuve Congo, premier d'Afrique et deuxième plus grand du monde après celui de l'Amazone (en superficie et en débit), représente la moitié des eaux africaines déversées dans l'Océan Atlantique, concentrant à lui seul, 30% de réserves d'eau douce du continent.[3]

---

[1] CROS, M-F. et MISSER, F., *Op.cit.*, p. 29.

[2] Ce fleuve a un débit à son embouchure qui varie de 20.000 à 40.000 $m^3/s$, seulement dépassé par celui de l'Amazone. Plus fort d'Afrique Centrale, ce débit est relativement régulier : maximum 60.000 $m^3/s$ en décembre et un minimum descendant rarement en dessous de 30.000 $m^3/s$ à Kinshasa. Etant situé à cheval sur l'Equateur, ce fleuve est toujours alimenté abondamment en eau durant l'année avec l'alternance des saisons sèche et de pluie entre les deux hémisphères Nord et Sud.

[3] SAMIR, A., *Art.cit.*, p. 155.

Le contexte géopolitique fait que l'eau douce, abondante dans le bassin du Congo, soit non seulement prisée mais aussi recherchée par beaucoup d'Etats de l'Afrique[1] et même par ceux situés en dehors du continent. C'est dans ce cadre que la RDC continue d'enregistrer des demandes de la part de bon nombre de pays, notamment ceux de la Commission du Bassin du Lac Tchad, ceux du Moyen-Orient et ceux du désert de Kalahari.

Au regard des enjeux que représente le bassin du Congo dans la géopolitique de l'eau, et tenant compte des sollicitations et convoitises des autres Etats moins pourvus en eau douce, la coopération en cette matière peut déboucher sur la mise en corps d'une charte africaine de l'eau, avec comme contenu la création d'un Programme Commun de Gestion des Ressources Hydriques Africaines. Véritable voie de salut, ce Programme aura comme axes principaux :

- la résolution durable d'éventuels conflits liés à l'eau en Afrique ;
- l'étude scientifique de la problématique du partage de l'eau ;
- l'investissement et le développement innovant au sujet des ressources hydriques du bassin du Congo. Ces différents axes permettraient non seulement un accès et un partage non conflictuel de l'eau mais aussi le maintien de la vie dans des zones arides et semi-arides qui sont en situation de « stress hydrique ».[2]

La stratégie pour la RD Congo est celle de la diplomatie de robinet, laquelle permettrait d'éviter au pays des guerres inutiles, en privilégiant une coopération d'intégration régionale qui fera de la RDC un acteur-pivot de type particulier. Cela permet d'anticiper sur des menaces

---

[1] CROS, M-F. et MISSER, F., *Op.cit.*, p. 29.

[2] Le stress hydrique est un indicateur des insuffisances des ressources en eau renouvelables par rapport aux besoins humains et environnementaux. Il résulte du déséquilibre structurel entre le capital en eau et la consommation en très forte croissance, compte tenu du rythme démographique et du développement économique.

éventuelles[1], actuelles et futures, en négociant la vente de l'eau du bassin du Congo avec les pays demandeurs dans le but d'arriver à un certain équilibre géopolitique au niveau régional.[2]

Pour y parvenir, l'option à privilégier demeure coopérative pour autant qu'elle reste ce fondamental pilier au service de la politique étrangère d'un pays à travers lequel il interagit avec ses partenaires dans l'atteinte des objectifs d'intérêts communs.[3]

D'où dans le domaine de l'eau, la notion d'hydro-solidarité tombe à point nommé, pour soutenir que l'eau douce du bassin du Congo peut devenir un facteur qui aide au renforcement des liens de convivialité entre divers Etats et leurs peuples tant en Afrique qu'à travers le monde.

L'accès à l'eau douce, son partage et sa gestion appellent une coopération à tous les niveaux en vue d'endiguer toutes sortes de tensions qui peuvent surgir entre Etats autour de l'accès et du partage des eaux du bassin du Congo.

Au regard des méthodes et techniques utilisées, la présente recherche se veut essentiellement qualitative. Et tenant compte des aspects à la fois conflictuels et coopératifs qu'elle renferme, nous avons recouru à l'analyse stratégique combinée à la méthode géopolitique.

L'analyse stratégique, comme méthode, vient transformer l'approche et la conceptualisation des organisations pour autant qu'elle en fasse un processus universel aux formes multiples et que Michel Crozier et Erhard Friedberg qualifient de sociologie de l'action organisée.[4] Pour ces auteurs, les comportements des

---

[1] Du fait que sur le plan social, le comportement de peuples vivant dans des zones arides est souvent poussé à la conquête des conditions qui leur permettront d'améliorer leur vie, et ils sont prêts à la violence guerrière à tout moment.

[2] Dans la conception des politiques en matière de la gestion de ressources en eau, l'objectif est d'arriver à un équilibre entre l'utilisation de l'eau en tant que fondement pour la substance de populations nationales en plein essor et sa protection de même que sa conservation en vue de garantir la pérennité des fonctions que l'eau joue pour toutes les espèces.

[3] GOUNELLE, M., *Relations internationales*, 7e éd. Dalloz, Paris, 2006, p. 57.

[4] CROZIER, M. et FRIEDBERG, E., *L'acteur et le système*, Paris, Seuils, 1977, p.23.

acteurs s'analysent sous forme de *stratégies* personnelles visant à garantir une position de *pouvoir*. Pouvoir perçu ici comme cette capacité qu'a un acteur de se rendre relativement incontournable et d'imposer ses exigences dans la négociation qui fonde la coopération. Crozier et Friedberg considèrent l'acteur comme un compétiteur qui, pour être gagnant, est appelé à utiliser au mieux ses atouts, à opérer parmi les stratégies possibles, le choix de celle qu'il estime devoir servir ses intérêts sans pour autant compromettre ceux des autres. Pour cela, il importe de se concentrer davantage sur les stratégies individuelles des acteurs[1], en ce sens que la conduite que donne chaque acteur à son action soit l'expression de la mise en œuvre d'une rationalité qui lui est propre.

Ainsi, l'analyse stratégique nous a permis de mettre en exergue l'importance des choix et de la décision comme outils de compréhension des mécanismes traitant notamment du rapport entre la rationalité des décideurs et celle du cadre opératoire de la coopération, qui doit jouer un rôle positif en vue de la paix et du développement durable en Afrique.

Au demeurant, la méthode stratégique permet de considérer la République démocratique du Congo comme un acteur-pivot en matière de négociation sur l'eau douce, et qui entretient divers rapports avec son environnement géographique (dans un faisceau de relations de pouvoir, d'influence et de calculs). Elle permet aussi que le pays, en tant qu'acteur, soit prédisposé à des stratégies, en l'espèce, la diplomatie de robinet, avec possibilité d'alliances avec les autres acteurs autour de cette denrée hydrique. La sphère d'activité des partenaires étant un champ où se prennent des décisions, se conclue de partenariat mais aussi, où s'affrontent des intérêts divergents, des contradictions voire des confrontations, compte tenu de la latence des conflits liés à l'eau douce.

La méthode géopolitique a pour objectif de comprendre le comportement d'un Etat (ou de tout autre acteur de la scène

---

[1] Les Etats sont certes des acteurs privilégiés des relations internationales, mais dans la problématique de la gestion de l'eau douce, d'autres acteurs non étatiques, paraétatiques voire privés (comme les multinationales) interviennent. Ce qui fait que le rôle de l'Etat s'effrite au profit des organisations internationales qui sont pour la plupart à la traîne des privés.

internationale) en cherchant le pourquoi et le comment de son action, c'est-à-dire principalement de sa politique étrangère ; mais aussi d'insérer toute stratégie déployée par un acteur dans la dialectique Ambition-Menace.[1]

La géopolitique s'insère méthodologiquement entre la description des acteurs et la prévision de leurs stratégies, tant il est vrai que l'analyse rigoureuse et désidéologisée reste le préalable indispensable à toute herméneutique (interprétation) des relations internationales.

Cette méthode consiste à poser les bonnes questions face à un évènement (tension, crise, conflit, guerre, négociation), en vue de l'appréhender[2] :

- Qui veut quoi ?
- Avec qui ?
- Comment ?
- Pourquoi ?
- Quand ?

Ainsi, face à une situation quelconque, il convient de s'interroger : que veut ce pays qui menace tel autre, qui déclenche une guerre ou envahit un autre ? De quoi a-t-il peur, qu'espère-t-il obtenir ? A quel moment ? Il s'agit, en définitive, de s'interroger sur l'ensemble des motivations qui expliquent le comportement d'un Etat, en refusant de tomber dans des explications simplistes

Pour Thual, il faut identifier les acteurs, analyser leurs motivations, décrire leurs intentions[3,] repérer les alliances en gestation ou, au contraire, celles en voie de déconstruction, que ce soit au niveau local, régional, continental ou international.

La méthode géopolitique a permis à cette étude d'aller au-delà des discours officiels pour identifier, dans le cas sous examen, les intentions réelles, même si ces dernières sont ensevelies au

---

[1] THUAL, F., *Op.cit.*, p. 6.

[2] *Idem*, p. 9.

[3] Par *intention*, on entend un réseau hiérarchisé d'attitudes obéissant à une logique de réalisation des ambitions ou d'atténuation des menaces existantes.

plus profond des Etats, en se basant sur les héritages du passé et sur les fatalités de la géographie.[1]

La collecte des informations nécessaires à l'élaboration de cette étude nous a été possible par les techniques documentaire, d'entretiens libres et de communication médiatique.

Cette recherche est délimitée dans le temps et dans l'espace. Dans le temps, elle couvre la période allant de 2013 à 2019. L'année 2013 a été proclamée par les Nations-Unies « Année internationale de la coopération dans le domaine de l'eau », afin de sensibiliser aux défis liés à la gestion et à la nécessité d'une action concertée entre tous les acteurs.[2] Cette coopération est nécessaire pour permettre la réalisation du droit de l'Homme à l'eau et à l'assainissement.

L'année 2019 est celle qui a porté évaluation, à mi-parcours, à travers le monde, dans l'atteinte des Objectifs de Développement Durable (ODD) adoptés en septembre 2015 par l'Organisation des Nations-Unies, quatre ans après.

Elle a également marqué en République démocratique du Congo, l'avènement au pouvoir du Président Félix-Antoine Tshisekedi Tshilombo qui, à l'occasion de la 7e édition d'AFRICA CEO FORUM, tenue à Kigali, du 26 au 27 mars 2019, déclara : « au sujet de l'eau, une des batailles à venir, nous pouvons réfléchir à des solutions qui existent, que la RD Congo est prête à proposer à ses partenaires. A partir de l'embouchure, on peut exporter l'eau douce vers les pays africains qui sont dans le besoin, ceci permettrait à l'Afrique de réaliser l'intégration régionale tant souhaitée ».[3]

Dans l'espace, le Bassin du Congo et l'Afrique forment le champ d'investigation que couvre cette étude. Le bassin versant du Congo à cause de ses quantités considérables d'eau douce, recherchée et convoitée par bien des pays.

---

[1] THUAL, F., *Méthodes de la géopolitique*, *Op.cit.*, p. 9.

[2] Ces acteurs peuvent être étatiques, non étatiques, voire privés.

[3] En faisant cette déclaration, le Président Félix TSHISEKEDI a ainsi levé l'option sur le plan de principe, d'exporter l'eau douce du Congo. Il a projeté une vision censée normalement être matérialisée par le gouvernement de la République, après des études préalables d'impact environnemental, à mener par les scientifiques et les experts congolais.

Et l'Afrique, engagée sur la voie de l'intégration régionale, l'eau douce n'y représente que 2,5% des ressources totales de la planète. Pour ce faire, une coopération communautaire mérite d'être envisagée comme stratégie pour garantir un certain équilibre géopolitique au sein du continent.

Cet ouvrage est structuré en quatre chapitres. Le premier a trait au cadre de référence conceptuelle et théorique. Le deuxième décrit le contexte géographique et géopolitique du bassin du Congo et de l'Afrique.

Le troisième explore le droit international de l'eau face aux enjeux géopolitiques en Afrique, pendant que le quatrième et dernier s'appesantit sur la stratégie congolaise de coopération qui porte sur la diplomatie de robinet.

# Chapitre 1. CADRE DE REFERENCE CONCEPTUELLE ET THEORIQUE

## Section I. Explication des concepts

### §1. Diplomatie

La diplomatie demeure la science des relations extérieures des Etats, et, dans son sens le plus précis la science ou l'art de la négociation.[1]

De la confrontation de ces éléments, il résulte que la diplomatie ne peut naître et s'exercer que si trois préalables sont réalisés :

- Des Etats ;
- Des intérêts à défendre ;
- Des relations entre ces Etats.

Henry Kissinger pense que la diplomatie consiste à rapprocher des points de vue divergents par le biais de la négociation, se référant ainsi aux procédés et aux mécanismes par lesquels les négociations sont menées.[2]

Ainsi donc, la raison principale d'être et le but constant de la diplomatie demeure la *sauvegarde de la paix ou son rétablissement* ; c'est-à-dire la prévention du climat de sérénité dans les relations de divers ordres qu'entretiennent les Etats. Pour ce faire, son action doit être continue.[3]

### §2. Diplomatie de robinet

Cette notion n'est rien d'autre que la diplomatie de l'eau. La RD Congo doit utiliser cette diplomatie dans le but de lui éviter des menaces sécuritaires dont elle fait l'objet. Elle postule que le pays utilise son eau douce comme atout non négligeable, consistant à l'exporter vers les pays demandeurs et s'en servir

---

[1] MARTENS cité par OMEONGA ONAKUDU, J., *Panorama d'Histoire diplomatique : De l'Antiquité à la nouvelle configuration*, éd. MES, Kinshasa, 2013, p. 6.

[2] KISSINGER, H., *Le chemin de la paix*, éd. Denoël, Paris, 1972, p. 12.

[3] RICHELIEU (le Cardinal de) introduisait là, l'idée de la « négociation permanente », cité par SERRES, J., *Op.cit.*, p. 19.

comme instrument de persuasion en vue de bien les contrôler ; mais également comme ressource économique devant être capitalisée afin de ramener des recettes au pays et booster ainsi le développement du pays.

Il s'agit en d'autres termes, de la *diplomatie de paix* qui doit, en principe, être employée pour étouffer toute menace de sécurité, avant qu'elle ne se mette en exécution.

### §3. Stratégie

De manière générale, la stratégie peut être entendue comme l'art de coordonner l'action de forces militaires, politiques, économiques et morales impliquées dans la conduite d'une guerre, la gestion d'une crise, la préservation de la paix ou la préparation de la défense d'une nation ou d'une coalition.[1] Il s'agit de rallier les opérations, les manœuvrer habilement pour atteindre un but déterminé par le pouvoir politique. En d'autres termes, la stratégie est un ensemble de raisonnements établi non seulement en fonction d'un projet et des moyens dont on dispose, mais aussi en supputant sur ce que pourrait faire l'adversaire. Si les généraux réfléchissent aux manœuvres qui leur permettent de surprendre leurs adversaires et de les défaire, les hommes d'Etat essaient eux, d'arrondir leurs possessions de façon à contrer les visées expansionnistes de tel ou tel voisin, à contrôler une voie de passage ou à permettre une conquête future.

D'après Olivier Zajec, la stratégie décrit les modes d'action et les manœuvres qui permettent aux Etats de défendre leurs intérêts et de concrétiser leurs objectifs politiques, sous les espèces de l'action militaire (en priorité), mais q aussi sous forme des manœuvres diplomatiques ou économiques[2].

Selon Paul Augé[3], la stratégie est un ensemble des dispositions et des mesures à prendre, une politique, des précautions à observer, pour conduire une armée jusqu'en présence de l'armée ennemie. A ce titre, elle est chez Crozier et

---

[1] Encyclopedia Universalis, vol. 14, Paris, 2007, p. 856.

[2] Olivier ZAJEC, *Les secrets de la géopolitique : des clés pour comprendre,* Perpignan, Tempora, 2008, pp. 56-57.

[3] Cité par Gilbert Shamavu M., *Agression, occupation étrangère en RD Congo et milicianisation populaire au Sud-Kivu : causes, acteurs et stratégies (1996-2013*), Paris, L'Harmattan, 2023, p. 31.

Friedberg, un ensemble cohérent de comportements qu'un acteur adopte en vue de préserver ses intérêts, et est orientée par les enjeux et les zones d'incertitudes contrôlées par l'acteur social.[1]

Barry Buzan définit la stratégie comme un « art ou une science qui met en œuvre les moyens nécessaires afin de promouvoir des objectifs dans le cadre d'un conflit ».[2] Ainsi, l'essence de la stratégie gît dans le jeu abstrait qui résulte de l'opposition de deux volontés. C'est l'art qui permet, indépendamment de toute technique, de dominer les problèmes que pose en soi tout duel, pour permettre justement d'employer les techniques avec le maximum d'efficacité.

Dans son « Traité de stratégie », Hervé Coutau-Bégarie considère la stratégie comme une *dialectique des intelligences, dans un milieu conflictuel*, où chaque partie utilise habilement ses ressources afin de l'emporter sur son adversaire.[3]

La stratégie relève donc de la compétence du gouvernement et de celle du haut commandement des forces armées, déclarait Charles de Gaulle. Elle est donc au cœur de l'analyse des rapports entre les entités politiques qui composent la scène internationale.

Le but de la stratégie est d'atteindre les objectifs fixés par la politique en utilisant au mieux les moyens dont on dispose. Or ces objectifs peuvent être *offensifs* (conquête, imposer l'acceptation de telles ou telles conditions onéreuses), *défensifs* (protection du territoire ou de tels ou tels intérêts) ou même viser simplement le *statu quo* politique. Brièvement, la formule générale paraît-elle être la suivante : *atteindre la décision en créant et en exploitant une situation entraimant une désintégration morale de l'adversaire suffisante pour lui faire accepter les conditions qu'on veut lui imposer.*

En d'autres termes, le but de la stratégie est d'examiner les problèmes politiques et techniques généraux de la défense, de déterminer les critères et de fixer les directives pour l'organisation et la coordination des actions qui concernent la sécurité et la défense nationales.

---

[1] Michel Crozier et Erhard Friedberg, Op.cit., p.57.

[2] Barry BUZAN, *An introduction to strategic studies : military technology and international relations, New York*, St-Martin's Press, 1987, p. 3.

[3] Hervé COUTAU-BEGARIE, *Traité de stratégie*, Paris, Economica/ISC, 2011, p. 47.

## §4. Coopération

En relations internationales, la coopération constitue un thème central de nombreux débats théoriques, méthodologiques et empiriques. Dario Battistella et son équipe écrivent à ce propos que pour préserver la paix, permettre des échanges économiques ou diplomatiques ou assurer la pérennité d'un certain ordre international, la coopération est indispensable.[1]

D'où, pour la promotion et la défense de ses intérêts internes et externes, tout Etat, quelle que soit sa puissance, a toujours besoin de nouer des relations avec d'autres Etats et de coopérer.

On peut situer la coopération et plus loin l'intégration, aux deux pôles d'un long processus, dans lequel les Etats membres acceptent minimalement de respecter « des règles, des procédures en vue des objectifs communs » ; puis, dans certains cas, progressivement, au rythme de la convergence de leurs intérêts, de partager, voire de transférer à des autorités indépendantes une part de leur souveraineté.[2]

Daniel Makiesse Mwana wa Nzambi souligne qu'à partir de sa finalité, la coopération est conçue comme une intelligence technique développée avec subtilité dans le but d'avoir une certaine emprise sur ses partenaires. En effet, coopérer signifie au départ deux mains tendues pour l'action commune mais en définitive c'est une main qui se retrouve finalement et consciemment au-dessus de l'autre.[3]

Marcel Merle présente la coopération comme une source d'équilibre, elle peut désigner un objectif à atteindre ou une méthode déterminée en vue d'atteindre des objectifs communautaires.[4]

Robert Keohane envisage la coopération comme un processus par lequel des acteurs adaptent leurs comportements aux

---

[1] BATTISTELLA, D. et alii, *Op.cit.*, p.76.

[2] TELO, M., L'Etat et l'Europe : histoire des idées politiques et des institutions européennes, éd. Labor, Bruxelles, 2005, p. 142.

[3] MAKIESSE MWANA Wa NZAMBI, D., « La coopération internationale : Théories et pratiques », in Actes du Premier Colloque International Sino-africain, Vol.I, n°1, Kinshasa, juillet 2015, pp. 25-26.

[4] MERLE, M., La vie internationale, éd. Armand Colin, Paris, 1978, p. 226.

préférences réelles ou supposées des autres acteurs, par voie de coordination de leurs activités.[1]

Helen Milner affirme que la coopération suppose que chaque acteur, en ajustant ses propres politiques, dans l'espoir d'obtenir lui-même des avantages, aide les autres acteurs à réaliser leurs objectifs.[2]

Jean Barrea soutient que la coopération ne consiste pas à agir pour l'autre, mais bien avec lui, en vue de la satisfaction d'intérêts communs ou complémentaires.[3]

Selon Pierre-François Gonidec, la coopération est du point de vue des relations internationales l'antithèse du conflit.[4]

La coopération implique donc la mise en œuvre d'une politique (d'une stratégie et d'une tactique) poursuivie pendant une certaine durée de temps et destinée à rendre plus intimes, grâce à des mécanismes permanents, les relations internationales dans un ou plusieurs domaines déterminés, sans mettre en cause l'indépendance des unités concernées.

C'est ce qui distingue l'intégration de la coopération car dans l'intégration, la souveraineté est aliénée alors que dans la coopération les partenaires sont égaux. L'égalité des partenaires est le principe consacré sans lequel il n'y a pas de coopération.

Amélie Blom et Frédéric Charillon définissent la coopération, en relations internationales, comme synonyme de paix, c'est-à-dire comme l'absence d'affrontement militaire.[5] Et les raisons qui peuvent pousser les acteurs à opter pour ce mode relationnel sont de deux ordres :

- Une préférence sincère pour les relations pacifiques, par sens des responsabilités, par réel humanisme;

---

[1] KEOHANE, R., After Hegemony. Cooperation and Discord in the World political economy, Princeton, University Press, 1984, p. 174.

[2] MILNER, H. cité par LABANA LASAY'ABAR et LOFEMBE BENKENYA, *Op.cit.*, p. 13.

[3] BARREA, J., *Théories des Relations internationales, de l'idéalisme à la grande stratégie*, éd. Complexe, Namur, 2002, p. 129.

[4] GONIDEC, P-F., Relations internationales, éd. Mont chrétien, Paris, 1974, p. 386.

[5] BLOM, A. et CHARILLON, F., *Théories et concepts des relations internationales*, éd. Hachette, Paris, 2001, p. 154.

- Le sens de ses propres intérêts, la paix étant plus stable que la guerre, et la coopération plus propice à la prospérité, plus favorable à l'échange. La coopération est alors un type caractérisé par l'absence, peut-être provisoire, de toute tension grave susceptible de mettre fin à la situation d'équilibre existante.

Sous quelles conditions en effet, la coopération émergera-t-elle dans un monde des égoïstes sans une autorité centrale ?

Mais en s'interrogeant de la sorte, Robert Axelrod sait que les hommes ne sont pas des anges, qu'ils tendent à s'occuper d'abord d'eux-mêmes. Il sait aussi que la coopération existe et que notre civilisation est basée sur elle.[1]

Certes, la coopération peut être sectorielle ou globale, à caractère technique, politique ou autre, et incluant plusieurs volets.

Lorsque ces parties prenantes sont des acteurs internationaux (Etats, Institutions internationales ou régionales, ONG transnationales et internationales…), on parle alors de coopération internationale.[2] Celle-ci vise d'ordinaire l'action coordonnée de deux ou plusieurs Etats en vue d'atteindre les résultats par eux jugés désirables.[3] Elle est une coopération de plusieurs pays sur un sujet donné et est généralement officialisée par un traité, un accord ou une déclaration.[4]

Gérard Kamanda wa Kamanda estime que la coopération internationale doit se comprendre comme « l'organisation de l'interdépendance réelle des nations et des peuples en fonction des avantages réels que les uns et les autres peuvent équitablement en retirer ».[5]

Pour Labana Lasay'Abar et Lofembe Bekenya, la coopération internationale est « l'engagement de tous les Etats à collaborer

---

[1] AXELROD, R., *Donnant-Donnant : Théorie du comportement coopératif*, éd. Odile Jacob, Paris, 1992, p. 30.

[2] INES SINGHE, C., « La coopération dans le bassin du lac Tchad », in *Conseil québécois d'études géopolitiques*, n° 7, Québec, 2018, p. 6.

[3] Dictionnaire de la terminologie du droit international, *Op.cit.*, pp. 172-173.

[4]« Coopération internationale » à lire sur : http ://www.fr.wiki.org/Coop%C3%A9ration internationale, du 19 mai 2019, 13h30'.

[5] KAMANDA WA KAMANDA, G. cité par NGILA MOKE, L., *Op.cit.*, p.130.

pour la réalisation des objectifs de développement des droits humains de chacun d'eux. Elle se concrétise par la voie et la méthode que ces Etats auront librement et démocratiquement définies comme les plus appropriées à leur contexte de telle manière que ne soit pas entravé leur développement, ni que ne soient imposées à un peuple ou à une nation, des voies qui ne lui conviennent pas ».[1]

Laurent Ngila Moke, voit en la coopération internationale une action concertée des peuples libres pour la réalisation d'un objectif d'intérêt commun. Et le domaine de cette coopération s'étend à l'ensemble des activités engageant les Etats à la réalisation des fins communes. Les Etats peuvent donc convenir d'agir en commun en fonction de besoins à satisfaire.[2]

En définitive, la coopération internationale est une action conjointe et coordonnée de deux ou plusieurs Etats et de personnes privées dans un domaine international déterminé, en vue de parvenir à des résultats communs dans un ou plusieurs domaines de la vie internationale. Cette coopération peut se réaliser soit dans le cadre de l'exécution d'un traité ou d'une organisation internationale, soit en dehors de tout cadre contractuel ou institutionnel.[3]

A la lumière de ce qui précède, il y a lieu de soutenir que toute définition de la coopération internationale implique :

a) Des acteurs, c'est-à-dire des parties (partenaires ou adversaires) qui doivent se rencontrer pour échanger ;
b) Des valeurs, c'est-à-dire des intérêts à défendre, à promouvoir ou à sauvegarder, dans le cadre des échanges envisagés ;
c) Des vecteurs, entendus comme des moyens disponibilisés par chaque partie, en quête de son intérêt, en vue d'atteindre son objectif ;
d) Des finalités, définies en termes d'objectifs de satisfaction à atteindre par les différents acteurs.[4]

---

[1] LABANA LASAY'ABAR et LOFEMBE BENKENYA, *Op.cit.*, p. 14.
[2] NGILA MOKE, L., *Op.cit.*, p. 142.
[3] CORNU, G., *Op.cit.*, p. 208.
[4] LOFEMBE BENKENYA, *Op.cit.*, p. 26.

Par ailleurs, les formes de coopération peuvent dépendre de plusieurs facteurs : nombre des parties, nature de l'acteur, domaine, matière et autres.

Lorsqu'on considère le nombre des participants à la coopération, on a principalement la coopération bilatérale et multilatérale.

La coopération bilatérale est indiquée lorsqu'on est devant un rapport entre deux partenaires. Cette coopération est souvent analysée dans une perspective verticale et horizontale. Dans la première hypothèse, il s'agit des échanges entre pays de l'hémisphère Nord et ceux de l'hémisphère Sud, autrement qualifiés de coopération au développement ; et dans la seconde hypothèse, il découle des échanges entre les pays appartenant à une même sphère : l'hémisphère Nord-Nord ou Sud-Sud. Et ces pays se localisent plus ou moins à un même niveau de développement. La coopération bilatérale consacre le principe « do ut des ».[1]

La coopération multilatérale est la structure qui regroupe plusieurs Etats ayant tous un objectif commun à atteindre. Elle est également appelée la coopération collective. Et les organisations internationales demeurent le cadre privilégié de cette coopération. Tous les Etats membres s'organisent et s'engagent autour d'une même cause, et travaillent pour sa réalisation. Ainsi, l'Organisation des Nations Unies fait de la coopération internationale l'un de ses objectifs prioritaires.[2]

En effet, depuis de nombreuses années et principalement avec la création de la Société des Nations (SDN) et surtout de l'Organisation des Nations-Unies, la coopération multilatérale a pris beaucoup d'essor.

Selon le critère géographique, on a :

*La coopération mondiale,* celle dont les acteurs appartiennent à toutes les régions du monde. Cette coopération est d'un intérêt mondial et sa base reste la solidarité internationale. Ce type de coopération atteste qu'il existe des normes communes à la

---

[1] VAISSE, M., *Dictionnaire des relations internationales au XX^e^ Siècle*, Armand Colin, Paris, 2000, p. 158.

[2] Nations Unies, ABC des Nations Unies, New-York, 2002, p. 5.

gestion de la chose internationale et qu'une crise européenne peut avoir des conséquences et en Afrique et même en Amérique.

Ce sont les grandes organisations internationales qui deviennent de plaques tournantes favorisant ce type de coopération. C'est notamment le cas de l'ONU pour des sujets comme ceux de l'environnement, de la piraterie en haute mer, du terrorisme, de la cybercriminalité…

*La coopération régionale*, celle dont les partenaires appartiennent tous à une seule zone géographique ou à une seule région. Ici, les continents sont considérés comme des régions mondiales. Généralement, la coopération régionale porte sur la recherche d'une intégration continentale, mais il peut s'agir aussi de défense et de sécurité communes.

Tels sont les cas de :

- L'Union Européenne pour l'Europe ;
- NEPAD pour le développement de l'Afrique ;
- L'OTAN pour la coopération militaire entre les Etats-Unis et l'Europe Occidentale.[1]

Selon la nature des parties à la coopération, on distingue la coopération institutionnelle et la coopération fonctionnelle.

*La coopération institutionnelle* s'engage uniquement entre les acteurs étatiques. En clair, il s'agit de la coopération d'Etat à Etat. Les institutions ou les structures de la coopération sont celles qui appartiennent aux Etats.

*La coopération fonctionnelle* réside dans le fait que les partenaires à la coopération ne relèvent pas nécessairement de structures officielles de l'Etat. Elle cible les bénéficiaires de la coopération sur le terrain et choisit l'exécuteur des actions de coopération, en vue d'une finalité précise, sans pourtant passer par les institutions étatiques. Ce qui fait que des partenaires privés (la société civile, les ONG internationales, les confessions religieuses…), ou encore les organisations privées, prennent grandement et activement part à cette coopération.

La diplomatie de terrain se présente comme le mode de fonctionnement de la coopération non institutionnelle, car elle

[1] LOFEMBE BENKENYA, *Op.cit.*, p. 33

permet aux différents coopérants d'élaborer des projets et de les mettre en application avec le concours des destinataires desdits projets. Quant aux domaines de coopération, ils peuvent être politique, économique, technique et culturel.

*Le domaine politique* concerne l'association entre Etats. Et le devoir le plus important de ceux-ci, porte sur le maintien de la paix et de la sécurité internationales.[1]

Le d*omaine économique* a trait aux accords de libre circulation douanière, aux mesures liées à la fiscalité ainsi qu'à la recherche des solutions aux problèmes économiques qui surviennent sur la scène internationale.[2]

*Le domaine technique et culturel* rapporte aux accords entre Etats, Institutions internationales, Villes, Associations, ...

Et la coopération dans ce domaine s'entend de la conjonction des actions de tous ordres que les Etats peuvent mener ensemble en vue des échanges des connaissances scientifiques et techniques avec comme objectif d'améliorer le niveau de la science et de la technologie dans les pays concernés. Elle se présente en clair, comme un processus de mise en commun des moyens par des structures ne relevant que des institutions étatiques. Il existe une coopération technique multilatérale se réalisant au travers des organisations internationales et une coopération technique bilatérale se faisant d'Etat à Etat.

Ainsi comprise, la coopération s'étend à l'ensemble des activités engageant les Etats à la réalisation des fins communes : qu'il s'agisse d'objectifs matériels, socio-économiques, financiers, humanitaires, environnementaux..., les Etats peuvent convenir d'agir en commun en fonction des besoins à satisfaire. Il n'est donc pas possible de déterminer de façon rigoureuse ni définitive le champ de la coopération.

Au demeurant, la coopération comme le développement, reste un concept idéologiquement chargé. Il ne faut pas tomber dans la facilité scientifique de croire que la coopération n'est que gestion

---

[1] LABANA LASAY'ABAR et LOFEMBE BENKENYA, *Op.cit.*, pp. 31-34.

[2] « Action de la coopération internationale », disponible à l'adresse : http://www.memoireonline.com/03/12/5549/m_Action-de-la-cooperationinternationale, 21/05/2020, 15h35'.

harmonieuse sans conflit ou lutte entre les acteurs. Parce qu'au départ, les gains ne sont jamais équitables.

En effet, dans un processus coopératif, on peut rencontrer des luttes larvées ou cachées, des considérations de recherche de puissance non exprimées par les parties. Vue de cette manière, la coopération porte le risque de devenir un processus de domination d'une partie sur d'autres. D'où il est important de chaque fois développer une intelligence des savoirs dans une coopération considérée désormais comme bras technique de la diplomatie qui dissimule un élan d'emprise et de domination. Bref, il sied d'envisager la coopération avec intelligence pour ne pas la subir au détriment de ses ressources et de ses besoins.

### §5. Eau douce

L'eau (tout court) est l'un des composants majeurs de l'atmosphère et est essentielle pour tous les organismes vivants. Indispensable à la vie, catalyseur de nombreuses réactions chimiques, l'eau est également le principal agent d'érosion, de sédimentation, et donc un facteur déterminant de la formation des paysages.[1]

Selon son état, l'eau prend différentes formes :

- *La forme de glace ou de neige* (état solide) dans les glaciers et les régions polaires ;
- *La forme liquide* (état liquide) dans les océans, les rivières, les fleuves, les lacs et sur les végétaux sous forme de rosée ;
- *La forme de vapeur* (état gazeux) dans l'atmosphère sous forme de brouillard et de nuages.[2]

S'agissant de **l'eau douce**, elle désigne l'eau contenant très peu ou pas de sel, et comme telle, propre à la consommation tant domestique, agricole qu'industrielle. C'est une eau issue des habitats naturels tels que les fleuves, les lacs, les rivières et les ruisseaux, ainsi que des conduites aménagées par l'homme, incluant les puits et les réservoirs. Généralement l'eau douce est

---

[1] MANEGLIER, H., *L'histoire de l'eau, du mythe à la pollution*, éd. François Massou, Paris, 1991, pp. 45-47.

[2] Dictionnaire Microsoft, Encarta, 2009, p. 103.

apte au captage et au traitement destiné à la production de l'eau potable.

Sur la terre, les sources d'eau se subdivisent en trois catégories, à savoir :

- *Les eaux de pluie*

Sont celles qui tombent en gouttes de nuages, originalement non contaminées. C'est lorsqu'elles entrent en contact avec le gaz, la poussière ou autres matières en suspension dans l'atmosphère qu'elles deviennent souillées et impropres à la consommation.

- *Les eaux de surface ou visibles*

Il s'agit des eaux emmagasinées dans les ruisseaux, rivières, fleuves, lacs, mers et océans ; mais aussi celles contenues dans les calottes polaires. Ces eaux reçoivent, lors de leur passage dans les agglomérations, des résidus de tout genre. Les eaux de mers renferment de grandes quantités de sels en dissolution et ne sont pas recommandées à la consommation.

- *Les eaux souterraines ou invisibles*

Sont celles contenues dans les formations géologiques perméables du fait de leur porosité et leur fissuration. Elles proviennent du sous-sol (aquifères ou roches), captées par les sources naturelles ou les forages. Elles forment la partie invisible du cycle de l'eau et représentent au moins 10 millions de $Km^3$ soit plus de 90% des ressources utilisables. Selon les Nations Unies, un quart de la population mondiale dépend des eaux souterraines pour son approvisionnement quotidien. Ce sont des ressources fiables, encore relativement peu touchées par les pollutions, même si les contaminations s'accélèrent et que leur pompage menace les nappes les plus fragiles, précise David Blanchon.[1]

Etant d'une valeur inestimable, l'eau est devenue un bien extrêmement précieux à préserver pour les générations présentes et futures, notamment dans un contexte de réchauffement climatique. De plus en plus rare dans certaines parties du globe, elle est aussi une arme sur le plan géopolitique. Marie Tsanga

---

[1] BLANCHON, D., *Atlas mondial de l'eau. De l'eau pour tous ?,* éd. Autrement, Paris, 2009, p. 5.

Tabie[1] rappelle que les disciplines scientifiques, à savoir les sciences humaines et sociales se penchent sur la question du statut de l'eau en s'interrogeant : est-ce un bien privé, une marchandise ? Ou à l'inverse, peut-on parler de bien commun et de droit fondamental à l'eau ? Cette question du statut de l'eau ne fait, certes, pas consensus. Du statut conféré à l'eau dépendent les représentations de ses usages et des modalités d'accès différentes.

L'eau n'est assurément pas un bien comme les autres. Son statut intrinsèque de ressource naturelle et de bien essentiel à la vie, lui confère une valeur et une utilité sociale qui s'apprécient au regard de la capacité des systèmes de gestion de l'eau à satisfaire l'objectif de bien-être des communautés.

### §5. Bassin du Congo[2]

Le bassin est un territoire qui draine l'ensemble de ses eaux vers un estuaire (embouchure) commun (cours d'eau, lac, mer, océan...).[3]

Un bassin fluvial est une portion de territoire à l'intérieur de laquelle tous les écoulements de surface se dirigent vers le même exutoire.[4] Cependant les termes employés par différentes disciplines et différents pays peuvent varier : bassin, bassin hydrologique ou hydrographique, bassin versant.

Le Bassin du Congo est cette zone située en plein cœur de l'Afrique et à cheval sur un grand nombre de pays (Angola, Burundi, Cameroun, Centrafrique (RCA), Congo-Brazzaville, Gabon, République démocratique Congo, Rwanda, Tanzanie et Zambie), dont les eaux de ruissellement alimentent un système de cours d'eau et du fleuve s'écoulant vers la même embouchure. De ces dix pays, la RD Congo a l'avantage de contrôler la source

---

[1] TSANGA TABIE, M., « L'eau : marchandise ou bien commun ? », in TRIBUNE du 14 janvier 2017 à 11h 18'.

[2] Cette dénomination est commune, c'est une expression qui traduit que les écosystèmes forestiers exceptionnels sont intimement liés à l'eau et réciproquement.

[3] CICOS/GTZ, Atlas du Bassin du Congo, Kinshasa, édition 2016, p. 12.

[4] Atlas de l'Intégration régionale en Afrique de l'Ouest, CEDEAO-CSAO/OCDE, Août 2006, p. 1.

du fleuve Congo et même son embouchure, c'est-à-dire que le fleuve parcourt le pays de bout en bout.

## Section II. Approche théorique

En vue de bien saisir notre angoisse existentielle dans le cadre de cette étude, le modèle théorique choisi pour conduire le raisonnement se base sur le constructivisme et le réalisme.

### §1. Le constructivisme

Cette approche considère qu'un sentiment d'appartenance commune, un respect mutuel, une identité similaire, contribuent à la coopération et à son institutionnalisation. De plus, des facteurs transnationaux peuvent jouer un rôle significatif dans l'établissement d'une communauté de sécurité garantissant le développement de la confiance au-delà d'un Accord minimal : le refus de recours à la force dans le règlement des différends. Dans cette perspective, la contrainte extérieure est moins importante que le sentiment collectif créateur d'une communauté pluraliste dont l'OTAN, l'ONU, la CNUCC, par exemple, seront une émanation. Les identités transnationales peuvent donc contribuer à créer une communauté même dans l'anarchie internationale[1].

Le constructivisme en Relations Internationales vient de l'adaptation par des auteurs comme Alexander Wendt, Nicholas Onuf, Peter J. Katzenstein, Michael Barnett, Kathryn Sikkink, John Ruggie et Martha Finnemore, du constructivisme social, une école née en sociologie dans les années 1960, au champ des relations internationales, devenu la troisième école de pensée en importance.

#### 1.1. Les grands traits du constructivisme

Trois éléments font du constructivisme une théorie à part entière des théories des Relations Internationales.

Premièrement, la politique mondiale est définie comme étant guidée par les idées partagées, des normes et des valeurs qu'ont

[1] NDABEREY NZITA M'MUGAMBI, P. cité par MUKENGERE NTAKALALWA, M., La RDC et l'enjeu planétaire du réchauffement climatique : Responsabilités et opportunités conventionnelles internationales, Mémoire de DES en RI, FSSAP, UNIKIN, 2017-2018, p. 78.

les différents acteurs. Le constructivisme se penche tout particulièrement sur l'intersubjectivité du savoir parce qu'il désire mettre l'accent sur l'aspect social de l'existence humaine, sur l'influence du milieu et des interactions sur la constitution de nos comportements. Rien à voir avec la force causale du néo-réalisme, la structure du système, qui est intemporelle et imposée aux agents (on parle d'acteurs dans le constructivisme pour montrer le libre arbitre des unités et d'agents dans les théories réalistes où l'unité est forcée d'agir par le système).

Deuxièmement, la structure idéelle (l'espace intersubjectif) a un rôle constitutif et non seulement constitutif sur les acteurs. C'est-à-dire que la structure invite les acteurs à redéfinir leurs intérêts et leurs identités dans un vaste processus d'interactions.

Au contraire des théories dites « rationalistes » (néo-libéralisme et néo-réalisme) qui posent les intérêts des États comme des constantes invariables pour définir la force causale qui sous-tend les relations internationales, le constructivisme se penche sur la structure idéelle qui forme la façon dont les acteurs se définissent (qui ils sont, leurs intérêts et comment atteindre leurs buts). Rupture avec le néo-réalisme, le néo-libéralisme et, partiellement, avec le globalisme : pour le constructivisme, les identités expliquent, non seulement les actions, mais aussi les intérêts (pas postulés *a priori)*.

Des explications néo marxistes dépassent les intérêts de classe mais intègrent des explications sociologiques par des valeurs de classes, des normes dans une classe sociale qui fait qu'on peut avoir des concepts dans le marxisme comme le concept d'aliénation. Dans le marxisme il y a des éléments idéels au-delà de la superstructure qui rendent l'analyse marxiste riche. Il s'agit d'identifier les acteurs, voir leurs intérêts, grâce à l'explication rationnelle on a ce que les acteurs font afin de servir pour le mieux leurs intérêts ; il y a une théorie des intérêts construits par les acteurs internationaux eux-mêmes.

L'homo sociologicus (et non homo oeconomicus*):*

- N'est pas seul, mais socialisé par des normes et des valeurs sociales ;

- Joue divers rôles selon son statut social, se comporte suivant les attentes de rôle que les autres ont à son égard ; ce jeu est sanctionné par les autres ;
- Il n'a pas de choix, mais est poussé par la société à laquelle il s'identifie.

Troisièmement, la structure idéelle et l'acteur se constituent et se définissent constamment l'une et l'autre. Si la structure définit le comportement et les intérêts des acteurs, ceux-ci altèrent la structure par leurs agissements. C'est qu'il est difficile, mais pas impossible pour un acteur d'agir en dehors de la structure de manière originale. Ce type d'agissements transforment les dialogues et contribuent ainsi à altérer la structure.

Les individus ou les Etats peuvent ainsi défier la structure et sortir de certaines situations dysfonctionnelles qui perpétuent des pratiques de confrontation par exemple.

Ainsi, pour les constructivistes, il est essentiel de reconnaître que la réalité d'un acteur est toujours historiquement construite. Elle est le produit de l'activité humaine et peut, au moins en théorie, être transcendée en instituant de nouvelles pratiques sociales. Ce processus de transformation peut être lent, les acteurs affrontant parfois des milliers d'années de socialisation. Seulement, même les structures les mieux enracinées peuvent être remises en question par la simple volonté. L'affirmation néo-réaliste voulant qu'il y ait des schémas universels de la politique internationale, contrainte par la structure inaltérable de l'anarchie du système mondial, est sévèrement critiquée par les constructivistes.[1]

Les constructivistes conçoivent les relations internationales comme des relations inter-identitaires ; pour eux, les identités sont au cœur des uns et des autres : si les Etats croient, se comportent ou veulent que le monde soit anarchique, alors il le sera.

---

1 « Le constructivisme en relations internationales », disponible sur http://fr.wikipedia.org/wiki/constructivisme/RI consulté le 02 novembre 2019 à 19h00'.

Analysant les relations de pouvoir, Wendt montre que ces relations sont le résultat d'une construction de la société internationale, dans le sens où la société internationale est construite par ceux qui participent à cette société.

- Contre paradigmes « rationalistes » : néo-réalisme, néo-libéralisme, globalisme. Exemple : néo-réalisme ne peut prédire si deux Etats sont amis ou ennemis, ou si un Etat est *statuquo* ou révisionniste. La démarche constructiviste est une critique du réalisme, du libéralisme mais aussi du globalisme.
- L'anarchie n'est pas « donnée » par la structure du système international, mais résulte de la manière dont celle-ci est construite par la pratique sociale des acteurs :
  - Anarchie selon Thomas Hobbes (« ennemis ») : réalisme offensif, dans le « dilemme du prisonnier », la motivation offensive est celle d'espérer que l'autre va collaborer afin de profiter de cette situation et l'exploiter. Pour Jean-Marc Siroën, le dilemme du prisonnier consiste en ceci : « Tu as le choix entre dénoncer ton complice ou non. Si tu le dénonces et qu'il te dénonce aussi, vous aurez une remise de peine d'un an tous les deux. Si tu le dénonces et que ton complice te couvre, tu auras une remise de peine de cinq ans, mais ton complice tirera le maximum. Mais si vous vous couvrez mutuellement, vous aurez tous les deux une remise de peine de trois ans ».[1]
  - Anarchie selon Emmanuel Kant (« amis ») : c'est la vision du libéralisme qui met l'accent sur l'échange. On peut créer de la valeur par l'échange, et chacun gagnera.

C'est une démarche holiste, la manière dont le système international fonctionne fait que les relations internationales soient construites par la pratique des acteurs.

---

[1] SIROËN, J-M., cité par MUKENGERE NTAKALALWA, M., *Op.cit.*, pp. 80-81.

La politique de puissance et le self-help sont des institutions, non des données matérielles des relations internationales : en dernière analyse il n'y a que les pratiques, si on change les pratiques on va changer le monde international qui va devenir un autre monde international. Les conceptions alternatives possibles de la sécurité sont coopératives ou même collectives car la sécurité des autres a de la valeur pour soi ; les postulats ontologiques définissent le monde par ceux qui ont une vision constructiviste des relations internationales.

Les interactions entre agents sont essentiellement déterminées par des facteurs idéels : identité, culture, valeurs, normes, représentations, arguments[1], etc., plutôt que directement par des forces matérielles. Les facteurs idéels les plus importants étant ceux partagés par les acteurs de façon intersubjective (normes régulatrices, normes constitutives d'identités) ; ils ne sont pas donnés par la nature. La subjectivité comprend ce que les tiers veulent dire, ce n'est pas objectif du point de vue logique, il est vrai qu'il y a une anarchie dans le système international, il y a des forces diverses qui ne sont pas toujours en communion les unes avec les autres.

L'Etat n'est pas seul et d'autres acteurs que les Etats interviennent en relations internationales ; les identités et les intérêts des acteurs sont changeants. Par exemple, si l'Iran réintègre pleinement la Communauté internationale, l'identité telle qu'elle est perçue va changer. Le système international étant construit par les significations sociales des acteurs le constituant, est changeant : c'est un système dynamique.

Les structures sociales et les acteurs se construisent mutuellement par leurs interactions ; c'est un processus se référant au « Feu rouge » de Wendt. Jean-Christophe Graz résume le constructivisme en disant qu'il s'agit d'approche qui est aussi apparue dans un contexte déjà connu. « Il est difficile de situer le positivisme car il est difficile à positionner ; il se situe entre le rationalisme et le réflectivisme. C'est le double statut de la connaissance (construction sociale et représentation sociale de

---

[1] En parlant des arguments, disons que la menace du réchauffement climatique par exemple est bien un argument valable qui ait poussé les Etats à créer la CCNUCC et à se réunir régulièrement en Conférences des Parties.

la réalité). On relativise la théorie générale ; c'est plutôt une façon d'analyser les relations sociales qu'une théorie. Enfin, le principal objet d'investigation est la nature des acteurs ; remettre la nature des acteurs et leurs relations avec leur environnement (rapport entre agent et structure) ».

Trois postulats principaux peuvent être posés :

1) L'importance de la structure normative, car la politique mondiale ne peut pas être saisie dans une structure normative du système des relations internationales, on dépasse ces structures matérielles pour réfléchir aux structures cognitives (idées, croyances, valeurs, normes) cristallisées dans les institutions ;
2) Ces structures cognitives constituent les acteurs : les structures ne font que contraindre ou faciliter le comportement du système, elles ont aussi une influence sur l'identité des acteurs (le sens que se font les acteurs de leur propre préférence à agir dans un sens ou dans un autre). Les acteurs n'existent que par rapport à l'identité qu'ils se font eux- mêmes de leur environnement ;
3) L'identité est constituée par les acteurs et les structures. Exemple de la prolifération nucléaire, elle passe aussi par les représentations que se font les Etats sur l'usage de l'arme nucléaire, et de la relation entre ces représentations et d'autres inscriptions du système international.[1]

D'autres auteurs soutiennent que dans le constructivisme, on s'intéresse à la mise sur agenda plus que sur le processus décisionnel. Pour ces critiques, ce sont les structures historiques qui contraignent le processus de décisions. Ici, les idées et les valeurs sont importantes en ce qui concerne les constructivistes. Autre élément, c'est la mondialisation. Enfin, le rôle des acteurs non-étatiques. En effet, le nouveau régionalisme qui met en relation ces nouveaux phénomènes d'intégration régionale dans le contexte de la mondialisation et qui vont bien au-delà du domaine économique. Ce nouveau régionalisme interprète

[1] GRAZ, J-Ch. cité par MUKENGERE NTAKALALWA, M., *Op.cit.*, p. 82.

plus finement ces mécanismes d'intégration. Les concepts-clés sont l'intégration et le régionalisme.

Dire que certains acteurs ont des valeurs nous fait penser à certains Etats qui ont de vastes réseaux hydrographiques et forestiers tandis que d'autres, pourtant menacés par la pénurie, ont des moyens financiers à mettre à la disposition des Pays en Voie de Développement, conservateurs de leur écosystème.

Inviter les acteurs à redéfinir leurs identités et leurs intérêts par la structure ferait allusion au fait qu'à chaque assise internationale sur le climat, par exemple, il est revu le degré de réchauffement dont on tiendrait compte et l'année à laquelle on attend atteindre ce résultat. Il est également révisé les droits et obligations tant des pollueurs que des détenteurs des écosystèmes encore viables et vivables.

### §2. Le réalisme

La théorie réaliste reste centrale dans l'analyse des relations internationales, même si elle est largement critiquée. Il paraît normal de commencer par elle notre panorama des différents outils conceptuels à la disposition des observateurs, en revenant sur ses hypothèses principales ainsi que sur quelques concepts centraux, comme l'équilibre des puissances et la compétition dans le système international.

#### Les principales hypothèses de l'école réaliste

L'école « réaliste » propose une vision des relations internationales qui s'efforce de « voir le monde tel qu'il est et non tel que l'on voudrait qu'il soit ». D'où son nom.

En cela, les principaux auteurs de ce courant s'inscrivent dans la lignée de penseurs qui avaient développé une vision cynique ou pessimiste des rapports humains. Le dialogue mélien de Thucydide (471-400 avant J-C.), dans son récit de la négociation entre les puissants Athéniens et les représentants de la petite île de Mélos, pendant les *guerres du Péloponnèse*, démontre l'importance du rapport de force et peut être considéré comme l'un des textes fondateurs ayant inspiré – et résumant toujours aujourd'hui la pensée dite réaliste. Le Prince de Machiavel (1469-1527), qui place la sécurité de l'Etat au centre de ses préoccupations ; le Léviathan de Thomas Hobbes (1588-1679), qui développe la vision d'un « état de nature » marqué par la guerre de tous contre tous nécessitant l'imposition d'un ordre par une autorité supérieure ; l'ouvrage majeur de Clausewitz (1780-1831), *De la Guerre*, qui insiste sur le fait que « la guerre est la poursuite de la politique par d'autres moyens »[1], figurent ainsi parmi les sources d'inspiration des auteurs réalistes du XXe siècle.

Parmi ceux-ci, Hans Morgenthau (1904-1980), Kenneth Waltz (né en 1924), Henry Kissinger (né en 1923), ainsi que Raymond Aron (1905-1983), avec son ouvrage « *Paix et guerre entre les nations* », tiennent une place éminente. En s'efforçant de comprendre les préoccupations des responsables de la politique étrangère, voire de les guider dans leur action, en ayant parfois exercé eux-mêmes ce type de fonction (Henry Kissinger par exemple fut secrétaire d'Etat américain de 1973 à 1977), ces auteurs ont toujours préféré la lucidité de l'action à une spéculation jugée idéaliste. L'échec des idées wilsoniennes dans l'entre–deux – guerres, puis les impératifs de la guerre froide avec la rivalité Est-Ouest après 1945, ont permis à la pensée réaliste de s'imposer–notamment aux Etats–Unis comme une approche pragmatique. Souvent accusée de belliciste, elle a plutôt pour obsession d'éviter le conflit, et table pour y parvenir sur la sécurité et la dissuasion : « Si tu veux la paix, prépare la guerre », lançait Jules César.[2]

Le risque permanent de conflit entre des Etats en quête à la fois de puissance et d'équilibre des puissances, constitue l'hypothèse centrale de l'école réaliste. Celle-ci compte en fait plusieurs courants, dont les principaux postulats sont contestés aujourd'hui.

### 2.1. Une théorie du conflit et de la puissance

Le conflit est inhérent aux relations internationales, et les Etats en sont les principaux acteurs. Ceux-ci sont en quête

---

[1] Signifie pour CLAUSEWITZ que la violence est un outil dont dispose la politique pour arriver à ses fins. Car l'Etat dispose seul du monopole de la contrainte légitime.

[2] César cité par BLOM, A. et CHARILLON, F., *Op.cit.*, p. 13.

permanente de puissance, et l'équilibre entre puissances reste le meilleur moyen d'éviter l'irruption d'un conflit de grande ampleur. Ainsi pourraient être résumées les principales hypothèses de l'école réaliste.

### 2.1.1. Le conflit entre Etats comme hypothèse principale

Selon les réalistes, les relations internationales sont caractérisées par le risque de conflit permanent. Plusieurs éléments étayent cette analyse. En premier lieu, chaque Etat poursuit sans relâche ses propres intérêts nationaux, au besoin par l'affrontement armé. Ensuite, contrairement à l'ordre interne où le « Léviathan », avec ses moyens de coercition (police, armée...), peut rendre viable l'anarchie qui règne à l'état de nature (comme l'avait suggéré Hobbes), aucune autorité de ce type ne s'impose dans les relations internationales : c'est la loi du plus fort qui prévaut. Les réalistes appellent donc les Etats à une « éthique de responsabilités », selon l'expression de Max Weber.[1] Il s'agit de mettre en œuvre les moyens nécessaires pour parvenir à une fin primordiale : la survie. Il en ressort deux principes essentiels :

1) Mieux vaut compter sur sa propre capacité à se défendre que sur le soutien d'éventuels alliés ou sur les garanties des organisations internationales. C'est ce que les Anglo-saxons appellent le « self-help » : *en matière de sécurité, on n'est jamais si bien servi que par soi-même* ;
2) Mais ce premier principe, lorsqu'il est appliqué, instaure un climat de méfiance : en se renforçant pour mieux se prémunir, chacun suscite l'inquiétude des autres, et les incite à s'armer à leur tour. Le renforcement de la sécurité de chacun, pourtant nécessaire, augmente donc, en fin de compte, la possibilité d'un conflit : c'est le dilemme de sécurité.

Un acteur central se trouve au cœur de la réflexion réaliste : l'Etat, considéré comme l'unité d'analyse la plus pertinente. Les acteurs non étatiques (entreprises, groupes religieux, ONG,

---

[1] Cité par BLOM, A. et CHARILLON, F., *Op.cit.*, p. 14.

médias, etc.), qui ne disposent ni d'une armée ni d'un budget national, n'ont pas les moyens de jouer le même rôle. Quant aux organisations internationales, elles-mêmes composées d'Etats, elles ne sont pas considérées comme des acteurs autonomes.

Trois autres points méritent d'être mentionnés :

1) L'Etat est considéré ici comme un acteur unitaire, monolithique. Il est certes composé de plusieurs sous-ensembles (chef de l'exécutif, ministère des Affaires étrangères, bureaucraties ou conseillers divers etc.), mais l'unité de la décision est assurée en dernier ressort par son premier responsable.
2) L'Etat est également vu comme un acteur rationnel : ses décisions de politique étrangère correspondent au rapport coût/bénéfices le plus satisfaisant, compte tenu du champ des possibles. Dès lors, certaines approches d'inspiration réaliste (notamment la théorie des jeux) estiment que l'action des Etats est non seulement explicable, mais également prévisible.
3) On considère enfin que l'Etat est essentiellement préoccupé par des considérations de sécurité nationale. Cette « grande politique » (high politics en anglais, par opposition à la low politics, qui a trait à l'économie, aux politiques sociales, etc.) a pour but de maximiser la puissance de l'Etat sur la scène internationale.

### 2.1.2. La puissance et l'équilibre au cœur du système international

Puisque le conflit menace, il convient de pouvoir le prévenir, ou, si par malheur il survient, d'être en mesure de le gagner. Tous les Etats doivent donc renforcer leur puissance, pour assurer leur survie et la défense de leurs intérêts. C'est cette puissance, comparée à celle des autres, qui permet ou non d'affirmer ses prérogatives dans un monde marqué par l'omniprésence du rapport de force. Quelle que soit la définition précise de la puissance, sa quête est prioritaire, y compris si cela implique la dissimulation voire la sortie de la légalité. A cet égard, les auteurs réalistes admettent la nécessité de pouvoir se retrancher dernière la raison d'Etat si la défense des intérêts fondamentaux l'exige. L'accumulation de puissance permet en outre d'être craint, donc respecté. On retrouve ici un principe machiavélien selon lequel il est préférable, pour un chef d'Etat, d'être craint plutôt qu'aimé, s'il ne peut être les deux à la fois.

Si la puissance est une condition nécessaire à la survie, le principe de l'équilibre des puissances (Balance of Power), offre une meilleure garantie encore : aucun Etat ne doit être en mesure d'écraser les autres par une force démesurément supérieure. Si plusieurs puissances de tailles comparables se font contrepoids, aucune d'entre elles ne sera tentée d'agresser les autres. Une paix fondée sur la dissuasion peut alors s'instaurer au sein du système[1] international. Ce « système international », tel que les réalistes l'envisagent, est caractérisé par le nombre de « puissances » influentes, ou de « pôles » qui le composent, et par le rapport de force qui s'instaure entre eux. Ainsi par exemple, le face à face américano-soviétique de la Guerre froide, était qualifié de système « bipolaire ».

### 2.2. Une école plurielle aux hypothèses fortement critiquées

L'approche réaliste se compose de plusieurs courants, ou tout au moins laisse observer quelques nuances entre ses principaux auteurs. Mais au-delà de ces nuances, les principaux postulats réalistes sont aujourd'hui contestés, dans la vision même qu'ils proposent des relations internationales

#### 2.2.1. La diversité de l'école réaliste

Il serait fastidieux–et vain–de vouloir récapituler les nombreuses tentatives effectuées pour proposer une typologie des courants internes à la pensée réaliste. Néanmoins, il paraît essentiel de souligner quelques clivages, observables dans les réponses apportées à trois questions au moins :

1) Pourquoi le conflit est-il inhérent aux relations internationales ? une grande partie des réalistes

[1] Concept clé (et complexe) de la science politique, le « système » renvoie ici à l'idée selon laquelle il existe un ensemble composé d'éléments dont les interactions produisent un « ordre », à la fois marqué par l'existence d'une hiérarchie, et par l'existence d'un équilibre (d'autres approches élaborent une tout autre vision de ce qu'elles qualifient de « système-monde ».

considère la tendance au conflit comme structurelle, d'où l'appellation de « réalisme structurel ». Mais structurel à quoi ? Un premier courant, avec des auteurs comme Hans Morgenthau[1], considère que le conflit est inhérent à la nature humaine, originellement belliqueuse. Un second, représenté par Kenneth Waltz, le présente plutôt comme inhérent au système international, anarchique et donc propice à la méfiance et à l'agression. Dans les deux cas, les réalistes estiment s'appuyer sur des postulats immuables.

2) L'équilibre des puissances est-il donné ou faut-il le construire ? Pour Kenneth Waltz, l'équilibre des puissances émerge naturellement du système lui-même, indépendamment des politiques étrangères menées par les Etats. Pour Henry Kissinger au contraire, l'équilibre des puissances se construit et se préserve par la force du volontarisme des acteurs. Ce dernier courant, présenté comme volontariste par opposition au déterminisme de Waltz, a parfois été qualifié de réalisme « pratique » ou « historique ».
3) Quel est le type de système international le plus propice à la paix ? La plupart des réalistes s'accordent sur deux points : la stabilité du système international varie en fonction du nombre des puissances ; plus ce nombre est élevé, plus l'incertitude sur le comportement des acteurs est grande. Survient alors un débat. Pour Kenneth Waltz, un grand nombre d'acteurs, et donc un niveau d'incertitude élevé, augmentent le risque de voir les Etats commettre des erreurs de jugement sur leurs intentions mutuelles et se comporter alors de façon belliqueuse. La sécurité est donc mieux préservée dans un monde bipolaire que dans un monde multipolaire. A l'inverse, d'autres auteurs comme John David Singer ou Karl Deutsch estiment que l'incertitude incite les acteurs à la prudence. Un monde multipolaire serait donc plus « sûr » qu'un monde bipolaire. Enfin, un troisième courant partisan de la théorie de la « stabilité

[1] MORGENTHAU, H., *Op.cit.*, p. 12.

hégémonique »[1] estime que la stabilité est mieux assurée dans un système unipolaire, sous la responsabilité de l'unique puissance dominante (comme la Grande–Bretagne au XIXe siècle ou les Etats-Unis depuis 1945).

### 2.2.2. Les critiques et réponses aux critiques

Les hypothèses réalistes font l'objet de nombreuses critiques. Celles-ci s'articulent autour de quatre points principaux :

- L'obsession du conflit empêche de prendre en compte les nombreux mécanismes de coopération existants ;
- Trop de place est accordée à l'Etat, tandis que des acteurs tels que les firmes ou les ONG sont négligés ;
- Il est donné de la puissance une vision statique et trop centrée sur la dimension militaire, qui rend difficile la compréhension des évolutions de la scène internationale;
- Enfin, il est souvent reproché aux réalistes d'entretenir une vision déterministe, où les décideurs et leurs stratégies sont privés de marges de manœuvre par les contraintes du système international.

En réponse à ces différents arguments, il est d'abord opposé que le réalisme ne saurait se caricaturer de la sorte, que ses choix sont d'abord méthodologiques et ne proposent qu'un cadre destiné à faciliter l'analyse. Surtout, il est souligné que l'école réaliste a évolué. Depuis les années 1980, un courant dit « néoréaliste » est apparu, animé par des auteurs comme Susan Strange ou Robert Keohane, qui s'efforcent au moins de prendre en compte la dimension économique et commerciale dans la compétition que continuent de se livrer les Etats. La vision de la puissance est ainsi plus ouverte, et une place plus importante est faite à l'analyse de l'interdépendance.

---

[1] Voir par exemple les travaux de Charles KINDLEBERGER ou de Robert KEOHANE sur la puissance.

## Chapitre 2. LE BASSIN DU CONGO, L'AFRIQUE : Contexte géographique et géopolitique

### Section I. Le bassin du Congo

*Figure n°2 : Carte du Bassin du Congo*

**Source :** CICOS, Atlas du Bassin du Congo, Kinshasa, 2016.

### §1. Le cadre physique et population

Situé en plein cœur de l'Afrique, le bassin versant du Congo s'étend à travers dix pays, ce qui lui confère une dimension régionale pour le partage de ses ressources. Il dépasse les limites du territoire national (avec une superficie de 3.700.000 km²).[1] Ce bassin repose essentiellement sur le fleuve Congo[2], qui a une

[1] « Les enjeux de la gestion intégrée des ressources en eau du Congo », in IMPACT, Spécial_environnement,_n°7, décembre 2014, p. 52.

[2] Ce fleuve a un débit à son embouchure qui varie de 20.000 à 40.000 m3/s, seulement dépassé par celui de l'Amazone. Plus fort d'Afrique Centrale, ce débit est relativement régulier : maximum 60.000 m3/s en décembre et un minimum descendant rarement en dessous de 30.000 $m^3/s$ à Kinshasa. Etant

décharge annuelle de 1. 296 $km^3$ à l'embouchure. Il est donc le réseau hydrographique le plus puissant du continent et abrite des écosystèmes très divers comprenant des rivières, des forêts, des savanes, des marécages et des forêts inondées. Premier d'Afrique et deuxième plus grand fleuve du monde après l'Amazone (en superficie et en débit), le fleuve Congo représente la moitié des eaux africaines déversées dans l'Océan Atlantique ; et comprend 30% de réserves d'eau douce du continent.[1]

Le bassin du Congo a également un potentiel hydroélectrique et d'irrigation abondant pour le bien-être et le développement du continent africain à travers la coopération et l'intégration régionales.

Selon la CICOS, l'étendue géographique, le réseau hydrographique dense, et la diversité des types de rivières et d'habitats sont les raisons essentielles qui expliquent la richesse d'eau douce que l'on rencontre dans le bassin du Congo.[2]

Germain Ngoie Tshibambe fait savoir que la richesse de ce bassin provient de la multiplicité des sources d'eau qui l'approvisionnent. Il y a des sources internes et des sources exotériques.[3]

S'étendant sur une superficie de plus de 251 millions d'hectares, du Golfe de Guinée de l'Océan Atlantique à l'Ouest jusqu'aux montagnes du Rift Albertin à l'est, les forêts du Bassin du Congo couvrent une large partie de l'Afrique Centrale.

La population du Bassin du Congo est en constante augmentation, mais reste encore faible en comparaison aux autres parties de la planète. On compte plus de 100 millions d'usagers de l'eau dans le bassin, avec des densités variables selon les zones. Les prospectivistes estiment que cette population devrait encore doubler (plus de 200 à l'horizon 2050), dont les trois quarts en RDC.[4] La facilitation d'accès aux sources d'eau potable et aux

---

situé à cheval sur l'Equateur, ce fleuve est toujours alimenté abondamment en eau durant l'année avec l'alternance des saisons sèche et de pluie entre les deux hémisphères Nord et Sud.

[1] SAMIR, A., « L'eau, bien commun des peuples », in DOUNIA, *Art.cit., p. 155.*

[2] CICOS/GTZ, *Atlas du Bassin du Congo*, *Op.cit.*, p. 48.

[3] NGOIE TSHIBAMBE, G., *Art.cit.*, p. 96.

[4] CICOS/GTZ, *Op.cit.*, p. 56.

infrastructures d'assainissement n'est pas encore aussi rapide que la croissance démographique.

## §2. La RD Congo et son hydrographie

### 2.1. Cadre physique

La République Démocratique du Congo est le deuxième plus vaste pays d'Afrique après l'Algérie. Elle s'étend de l'Océan Atlantique au plateau de l'Est et correspond à la majeure partie du bassin du fleuve Congo, véritable colonne vertébrale du pays. Quatre fois la France, quatre-vingt fois la Belgique, une fois et demi plus grand que le Québec (Canada) ou encore grand comme la partie des États-Unis située à l'Est du Mississippi, c'est le 11e Etat du monde de par sa taille. Ce pays regorge d'immenses ressources entre autres forêts, eau, sols fertiles, des réserves minières considérables, du pétrole...

Ainsi donc, grâce à sa position centrale et à la vastitude de son étendue, la RDC est appelée à jouer un rôle important dans les relations internationales du continent africain. Dans cet ordre d'idées, Yezi Pyana Fumu écrit : « Le Congo-Zaïre, cœur de l'Afrique, doit harmoniser ou canaliser les activités des autres Etats pour donner de la vitalité politique au continent ».[1]

Comme trait d'union, le Congo a une mission spécifique de soigner et de renforcer des relations avec tous les pays d'Afrique voire du monde, mais cela doit s'accompagner préalablement d'une volonté politique sincère et orientée vers les intérêts communs des africains en général et des Congolais en particulier. Situant son deuxième Heartland sud dans le bassin de la RD Congo, Mackinder déclarait : « Qui règne sur le Congo démocratique, règne sur l'Afrique ».

### 2.2. Situation hydrographique

#### 2.2.1. Le Fleuve Congo

A cheval sur l'équateur, le fleuve Congo constitue l'épine dorsale d'un gigantesque réseau hydrographique qui s'étend sur

[1] YEZI PYANA FUMU, *La géopolitique internationale du zaïre*, éd. Africa, Lubumbashi, 1979, p. 17.

4.640.000 de km². Il est de plus considéré comme l'un des fleuves les plus profonds au monde (220 m par endroits, non loin de Matadi).

***Figure n°3 : Carte du Fleuve Congo***

**Source** : *Microsoft Encarta Encyclopedia 2018.*
Superficie : 3.700.000 km$^2$ ; Longueur : 4.640 km$^2$ ;
Débit moyen : 50.000 m$^3$.

En observant la géographie de la République démocratique du Congo, le constat est que le pays est quasi-entièrement campé par les eaux, tant au niveau de limites la séparant de voisins qu'à l'intérieur du territoire national. Au Sud-Ouest, le fleuve Congo, sur son cours inférieur, fait office de frontière liquide entre la RD Congo et l'Angola sur une distance de 151Km.

A l'Ouest, ce même fleuve Congo partage la RDC et le Congo-Brazzaville du sud au nord sur un parcours long de près de 1000Km. Un peu plus au Nord la rivière Oubangui prend le relais, partageant la RDC et le Congo-Brazzaville sur une distance longue de plus ou moins 300Km. Puis, la rivière Oubangui bifurque vers la droite pour servir de frontière liquide entre la RDC et la République Centrafricaine jusqu'à la rivière Mbomou.[1] Au plan interne, la majeure partie du territoire congolais est drainée par le fleuve Congo, un des plus importants en Afrique et dans le monde. Ce fleuve Congo traverse l'ensemble du territoire national en un arc et joue le rôle de fondement de l'unité du pays et de mère nourricière de plusieurs provinces à l'exception de deux Kasaï.[2]

Ce fleuve Congo prend sa source dans les hauts plateaux du Katanga (savanes du sud), précisément dans la localité de Musofi (à Kipushi), sur une distance de 4.640km jusqu'à l'Océan Atlantique où se localise son embouchure en estuaire large de plus ou moins 50km. Sa puissance est époustouflante car en plein Océan Atlantique et on reconnait ses eaux à plus de 45 km de l'estuaire.[3] C'est pour cela que l'approvisionnement en eau en République démocratique du Congo fait penser d'abord au bassin du fleuve Congo, deuxième poumon du monde (3, 700.000 de km$^2$).

Dans le bassin versant du Congo, vivent plus de 100 millions d'habitants avec des densités très variables. Son principal affluent est le Kasaï qui occupe un bassin de 900. 000 km$^2$. Ce bassin et le débit font du Kasaï dans l'hémisphère Sud (affluent gauche) le plus important affluent du fleuve Congo. L'Oubangui dans l'hémisphère Nord (affluent droit) est par contre le plus long affluent du fleuve Congo. La RDC occupe les deux tiers de ce bassin, où les enjeux sont fondamentaux en ce qui concerne la production

---

[1] LUSIKU LUSIENSE, R., *Les frontières internationales de la RDC : Etat des lieux et enjeux géostratégiques*, éd. Osisa, Kinshasa, 2012, pp. 35-36.

[2] KABENGELE DIBWE, G., *Géographie économique et humaine de la RD Congo*, éd. CAP, Kinshasa, 2013, p. 68.

[3] MOVA SAKANYI, H., *Congo : Survie et grandeur, pari d'une géopolitique nouvelle dans la mondialisation*, éd. Safari, Kinshasa, 2001, p. 73.

hydroélectrique et du transport fluvial. Près de 45% de l'immense potentiel hydroélectrique économiquement exploitable, estimé à plus de 100.000 mégawatts sont localisés dans le site d'Inga et font de la RDC la plus grande concentration d'énergie au monde, devant la Chine.[1]

Pour faire face aux enjeux régionaux, les Chefs d'Etats du Cameroun, du Congo, de la Centrafrique et de la République démocratique du Congo ont créé en novembre 1999, la Commission Internationale du Bassin Congo–Oubangui–Sangha « CICOS »[2], dont le siège est à Kinshasa. Le Gabon et l'Angola en sont aujourd'hui pays observateurs, depuis leur adhésion respectivement en 2011 et 2015.

Le fleuve Congo est l'un des éléments qui participent à la puissance du pays avec son débit qui demeure assez constant en raison des pluies déversées dans les régions situées au-dessus et en dessous de l'équateur. Sa longueur est de 4.640Km ; c'est le plus puissant fleuve africain avec son débit moyen de 50.000$m^3$/seconde, deuxième fleuve du monde après l'Amazone avec 209.000$m^3$/seconde, au Brésil.

Ce fleuve Congo a un régime des eaux le plus régulier du monde, puisqu'il a la particularité d'être géographiquement parlant le point de convergence d'une multitude des cours d'eaux situés en équilibre de part et d'autre de la ligne de l'équateur.[3] En d'autres termes, la régularité du débit du fleuve est attribuée aux éléments suivants :

- Sa position sur l'équateur, zone des précipitations abondantes ;
- Les précipitations de ses affluents dans les deux Hémisphères ;
- L'inversion des saisons (sèche et pluvieuse) dans les deux Hémisphères nord-sud.

[1] GONIDEC, P-F., *Op.cit.*, p. 123.

[2] La CICOS est une organisation à laquelle est confiée la gestion rationnelle et durable du bassin du Congo, par la promotion de la navigation intérieure. Voir CICOS/GTZ, *Atlas du Bassin du Congo*, *Op.cit.*, p. 1.

[3] MANGEMOSI LUWAWU MAKWALA, A., *La nouvelle géopolitique de l'Afrique médiane*, éd. IPRIS, Kinshasa, 2016, p. 73.

Aussi, le parcours du fleuve Congo est entrecoupé par des chutes et des rapides ; par exemple : les chutes de Yellele, Inga, Kisuka..., il se jette par un vaste estuaire (un seul bras) dans l'Océan Atlantique.

**Les affluents du fleuve Congo**

Dans son parcours, le fleuve Congo reçoit de l'eau de nombreux affluents répartis comme suit :

- Au Nord de l'équateur, il y a l'Oubangi, la N'giri, la Mbomu, l'Uélé, la Mongala, l'Itimbiri, l'Aruwimi, l'Ituri, la Lulonga, la Maringa, la Ruki, la Momboyo, la Salonga, la Lomela, la Tshuapa et la Lomami ;
- Au Sud de l'équateur, le Kwa, la Wamba, le Kwango, le Kwenge, le Kwilu, le Kasaï, la Lulua, le Sankuru, la Lukenie et le Lokoro ;
- A l'Est, le Lualaba, la Lufira, la Lufira, la Luvua, la Lukunga, l'Elila, la Lowa et la Tshopo.

Mais les principaux affluents restent l'Oubangui (long de 2.300 km) et le Kasaï (long de 2.000 km). Le fleuve et ses affluents forment ainsi un réseau hydrographique très dense, dont la répartition géographique de part et d'autre de l'équateur favorise la régularité de son débit annuel.

**Les biefs navigables et non navigables du fleuve Congo**

Le fleuve Congo constitue une importante voie de communication et sert ainsi à la navigation à certains endroits. Avec ses affluents, il forme 14.166km de voies navigables. Il se divise en trois sections appelées cours d'eau.

- **Le cours supérieur**, allant de Lualaba (source) à Kisangani (sur une distance de 2.000km). Sur ce cours, le fleuve est étroit, tortueux et entre coupé des chutes ou des rapides, des montagnes et des hauts plateaux qu'il traverse. Mais les parcours de Bukavu à Kongolo, de Kimbombo à Kabongo et de Kindu à Ubundu sont navigables.
- **Le cours moyen**, de Kisangani à Kinshasa (long de 2.150km) et décrivant un arc dans l'immense cuvette centrale du pays. Ce bief est entièrement navigable.

- **Le cours inférieur**, va de Kinshasa à l'Océan Atlantique (500km). Le parcours compris entre Kinshasa et Matadi n'est pas navigable à cause des rapides de Kinsuka, les chutes de Zongo, de Songololo, d'Inga ainsi que des cataractes. Tandis que de Matadi à l'Océan, le fleuve est navigable.

Les autres bassins sont :

- Le Bassin de Shiloango *:* se trouvant dans le Nord-ouest au Bas-Congo, déverse ses eaux dans l'Océan Atlantique;
- Le Bassin du Nil : est drainé par des dépendances du Nil dont la Semliki qui relie les lacs Rutanzige et Albert. La RDC appartient également au bassin du Nil, dont elle abrite l'une des têtes de source à partir du lac Edouard. Bref, le fleuve Congo et ses affluents représentent aussi un énorme potentiel d'hydroélectricité, allusion faite certes à Inga et à l'aménagement du grand Inga.

### 2.2.2. Les Lacs de la RDC

L'Est du pays est traversé du Nord au Sud par des étendues de plusieurs lacs classés en trois formations :

A. **Les lacs de Cuvette ou Résiduels**

Il s'agit des lacs Tumba et Maï-Ndombe (5.000 km$^2$ et 2. 395 km$^2$ de superficie).

B. **Les lacs du Sud-est ou de Plateaux**

Ce sont les lacs *Bangwelo et Moero (*4. 500km$^2$ et 4. 650km$^2$ de superficie dont 1.950km$^2$ en RDC).

*C.* **Lacs *de* Montagnes ou de R*ift valley***

Ce sont les lacs :

- *Kivu,* appelé aussi lac de gaz (2.700 km$^2$ de surface) dont 1.700km$^2$ en RDC ;
- *Tanganyika (*environ 32.900 km$^2$ de longueur) dont 14.800km$^2$ en RDC ;
- *Albert* (*5.270* km$^2$ de longueur) dont 2.420km$^2$ en RDC. Sa profondeur est de 58m. Avec le lac Edouard, ils sont les plus poissonneux et alimentent tout l'Est et les pays voisins comme l'Ouganda ;

- *Edouard (2.150km² de longueur)* dont 1.630 $km^2$ en RDC, son altitude varie entre 40 et 117m ; avec le lac Albert, ils séparent la RDC de l'Ouganda.

Les lacs Kivu et Tanganyika alimentent le fleuve Congo par la rivière Lukunga ; par contre les lacs Albert et Edouard alimentent le fleuve Nil par la rivière Semliki au Nord-Kivu (c'est-à-dire que ces deux lacs constituent les sources congolaises du Nil).

Ainsi, la configuration géographique du réseau hydrographique du fleuve Congo et des lacs de l'Est du pays assure la couverture totale en eau de la RDC et en fait le *château d'eau d'Afrique.*

### §3. La géopolitique du Bassin du Congo

L'eau est une grande richesse et coule en abondance dans le bassin du Congo, qui est le réseau hydrographique le plus puissant du continent. L'eau douce de ce bassin est convoitée par d'autres pays voisins ou lointains, moins pourvus en eau. Cette dernière étant devenue un enjeu collectif pour un bien commun qu'il faille partager à l'échelle locale, nationale, régionale voire mondiale.

➢ **L'eau de la RD Congo, convoitée**

L'eau, bien que ressource vitale, reste inégalement répartie sur terre, donnant ainsi lieu aux déserts, régions humides ou arrosés. La RDC appartient à la catégorie des pays arrosés ayant un potentiel hydrique par habitant d'au moins 2000$m^3$, à côté de la France, Congo-Brazzaville, Brésil, Bengladesh, etc.[1]

Cette distribution inégale est source des convoitises entre catégories et par conséquent, source des conflits latents ou réels. Et les motivations de ceux (des pays) qui veulent accéder à l'eau douce de la RDC s'expliquent par le besoin de Survie.

Etant nantie des ressources hydrauliques importantes et comptant parmi les pays les plus arrosés d'Afrique, la RDC peut les exploiter rationnellement en les exportant vers des Etats

[1] MUSIBONO EYUL'ANKI, D., « Ressources en eau de la RD Congo, une opportunité pour son développement », in DOUNIA, Revue d'information et de recherche du Centre d'Intelligence Stratégique et des Relations Internationales, Le Harmattan-RDC, Kinshasa, juillet 2009, p. 143.

(africains ou autres) qui en ont besoin, et cela peut procurer au pays des recettes nécessaires pour son développement.

Vu que depuis plusieurs années, le pays enregistre des demandes (en termes de projets) concernant son eau et des sollicitations, afin qu'elle vende une partie des flux torrentiels de son majestueux fleuve à la Lybie et qu'elle approvisionne le Lac Tchad menacé d'assèchement.[1]

Les pays demandeurs, c'est-à-dire ceux ayant officiellement exprimé le besoin d'avoir l'eau du fleuve Congo, peuvent être classés en trois groupes :

a. Les pays membres de la CBLT (Tchad, Lybie, Niger);
b. Les pays du Moyen-Orient (Arabie Saoudite, Israël…);
c. Les pays du désert de Kalahari (Namibie, Botswana…)
   En effet, répondre favorablement à ces demandes en fournissant de l'eau, fait de la RDC un pays qui résout les problèmes des pays en souffrance, en déficit d'eau. Une telle démarche renforce au Congo-Kinshasa un rôle géostratégique dont il peut tirer pas mal d'avantages.[2]

Arroser le lac Tchad par exemple, et y restaurer la vie diminuerait le flux migratoire de ceux qui fuient l'aridité que connait actuellement son bassin. C'est notamment le cas des éleveurs nomades connus sous le nom de Mbororos, venus faire la transhumance et installés à plusieurs endroits de la partie nord du pays (notamment Haut-Uélé, Mongala, Bas-Uélé, etc…). Ils sont souvent aux prises avec la population autochtone, occasionnant parfois des conflits violents.

Ceci pour dire que la RD Congo est en mesure de proposer des solutions à ses partenaires, dans le cadre d'une stratégie de coopération privilégiée, sensée prendre le dessus sur la logique conflictuelle ou belliqueuse : lorsque la volonté politique est présente, des solutions au problème existent.

---

[1] MOVA SAKANYI, H., « Praxis internationale pour une gestion stratégique de l'eau », in *Revue DOUNIA*, *Art.cit.*, p. 53.

[2] A titre d'exemple, Modeste MUTINGA, *Op.cit.*, p. 154, raconte que Laurent Désiré KABILA aurait amené les tchadiens et les namibiens à l'aider contre l'agression du pays en 1998 en leur promettant le transfert de l'eau du bassin du Congo.

Par ailleurs, la croissance démographique, la modernité et le phénomène d'urbanisation augmentent la demande en eau dans les pays en développement. Ce qui entraîne, face à l'effort de progrès économique des pays africains, l'augmentation de la consommation d'eau ainsi que le recours constant à cette ressource. D'où la convoitise de l'eau du Bassin du Congo.

## Section II. L'Afrique

### §1. Cadre physique

L'Afrique est un des cinq continents que compte la planète Terre. Comptant 54 Etats avec une superficie de 30.415.837Km$^2$, elle couvre environ 6% de la superficie terrestre et 20% de la surface des terres émergées ; c'est le troisième continent le plus vaste en termes d'étendue. Séparé de l'Europe par la mer Méditerranée, le continent Africain est rattaché à l'Asie au niveau de son extrémité nord-est par le Canal de Suez sur 163Km.

On divise généralement la région Afrique en cinq sous-régions ou zones : l'Afrique du Nord, l'Afrique Australe, l'Afrique Centrale, l'Afrique de l'Est et l'Afrique de l'Ouest. L'Afrique demeure aussi le théâtre de nombreux conflits armés, ce qui constitue une entrave à son développement économique.

En 1885, la conférence de Berlin qui établit les modalités du partage de l'Afrique entre les grandes puissances européennes, marque l'entrée du continent noir dans le XX$^e$ siècle. Terre d'élection de l'impérialisme, l'Afrique subit avec un relatif retard le choc de la colonisation. Longtemps en marge des affrontements de la guerre froide, l'Afrique devient un enjeu entre l'Est et l'Ouest en 1975, au moment de l'écroulement de l'empire colonial portugais. Le continent vit donc selon des rythmes décalés par rapport au temps mondial. Dans l'après-guerre froide, l'Afrique apparaît comme une périphérie délaissée. Pourtant, la réalité de l'Afrique est plurielle, une Afrique pouvant en cacher plusieurs autres.[1]

Ainsi, le facteur géographique organise l'Afrique en plusieurs régions aux climats contrastés, souvent hostiles et aux

---

[1] NOUSCHI, M., *Lexique de géopolitique*, éd. Armand Colin, Paris, 1998, p.47.

peuplements variés, diversement marqués par l'histoire. On peut distinguer :

- Une Afrique Sahélienne et désertique ;
- Une Afrique Septentrionale arabisée et méditerranéenne ;
- Une Afrique Occidentale maritime, tournée vers le golfe de Guinée ;
- Une Afrique Centrale équatoriale enclavée ;
- Une Afrique Orientale plus montagneuse ;
- Une Afrique Australe au climat favorable, une fois passés les déserts de Namibie et de Kalahari. Si les quelques grands fleuves africains (Congo, Nil, Niger, Zambèze) jouent un rôle vital dans les pays qu'ils traversent, ils n'ordonnent pas pour autant la géographie du continent, pas plus que les massifs montagneux de l'Est africain qui culminent pourtant à près de 6.000 m (le Kilimandjaro, le plus élevé avec 5.895m).

Traversée presque en son milieu par l'Equateur et comprise en majeure partie entre les Tropiques, l'Afrique est un continent chaud, où les climats et les types de végétation s'individualisent plus en fonction des variations pluviométriques que thermiques. En dehors des extrémités nord et sud, au climat méditerranéen, le trait dominant est la chaleur constante. L'apparition d'une saison sèche et son allongement quand on s'éloigne de l'Equateur, entraînent le passage du climat équatorial et de la forêt dense, aux climats tropicaux qui s'accompagnent de forêts claires, puis de savanes arborées et de steppes dans les zones sahéliennes et tropicales, jusqu'aux déserts du Sahara et du Kalahari.

Signalons tout de même que le continent Afrique a souffert de plusieurs calamités liées à la qualité et à la quantité d'eau. Continent coupé en deux par la barre désertique du Sahel, l'Afrique connaît des situations extrêmes causant des catastrophes naturelles contradictoires : les inondations et la sécheresse. L'agriculture, première activité de l'économie africaine, consomme plus d'eau douce (85%) que dans les pays développés où l'industrie consomme près du tiers de la consommation totale d'eau.

La part mondiale de ressources en eau douce du continent africain est d'environ 9%, soit 4.050Km³/ an.[1]

Aussi, bien que bordée au Nord par la mer Méditerranée, le canal de Suez et la mer Rouge au Nord-Est, l'Océan indien au Sud-Est et l'Océan Atlantique à l'Ouest, l'Afrique reste touchée par la sécheresse. C'est le deuxième continent le plus sec derrière l'Australie ; continent au sein duquel les questions d'eau, dans toutes leurs dimensions (sociale, politique, économique et environnementale), pèsent le plus lourdement sur l'avenir. Sans oublier que plus de la moitié de l'Afrique est privée d'écoulement vers la mer, et se tourne vers de vastes lacs intérieurs : Tchad, Victoria, Albert, Malawi... De même les plus grands fleuves ci-dessus cités, qui structurent le réseau hydrographique du continent, prennent leurs sources à des altitudes relativement basses et se fraient difficilement un long chemin vers la mer.

## §2. Situation et défis liés à l'eau en Afrique

### 2.1. Situation en matière d'eau

En Afrique, le constat est que la précieuse ressource « eau douce » symbolise les paradoxes, les excès, les inégalités : ici, elle est abondante, déferle sur les hommes et inonde les villages. Là, la terre se craquelle et l'aridité ravage les cultures. Ici, elle abonde, dans les complexes balnéaires réservés aux touristes occidentaux. A quelques kilomètres de là, les autochtones se contentent de moins de 4 litres d'eau par jour... Ici, au cœur des quartiers riches des villes Sud-africaines, les habitants ont accès à une eau traitée, potable. Beaucoup plus au nord, en zone sahélienne ou à la lisière de la forêt équatoriale, les villageois sont décimés par l'onchocercose, la bilharziose, et tant d'autres microscopiques fléaux pullulant dans l'eau. Ici, les grands barrages permettent à des Etats de devenir autosuffisants sur le plan énergétique. Là, d'autres pays utilisent ces barrages pour

[1] SOUNIA, G., *L'eau et le sol dans les géo systèmes tropicaux, aires protégées d'Afrique francophone*, éd. J-P de Monza, 1998, p. 68.

couper l'eau aux pays aval, au risque de provoquer des « *guerres de l'eau* ».[1]

Pourtant, de l'avis de beaucoup d'observateurs, si le développement de l'Afrique repose sur des multiples facteurs, le principal reste l'accès à l'eau de bonne qualité. Car ce liquide précieux surnommé « Or bleu », est non seulement vital pour l'ensemble des activités humaines, mais est également devenu l'un des enjeux cruciaux du continent africain, de par sa rareté.[2] L'accès à l'eau douce, dont la disponibilité demeure restreinte mais très inégale aussi, reste un véritable problème qui, face à la croissance démographique du continent, menace fortement les populations africaines.

De manière générale, les ressources en eau, superficielles ou souterraines, du continent africain présentent trois caractéristiques essentielles[3] :

- qu'il s'agisse des bassins hydrographiques des fleuves (Nil, Congo, Niger, Sénégal, Volta, Zambèze, Orange, Limpopo...) ou des lacs (Tchad, Victoria, Albert, Okavango...) ou des nappes souterraines (grand aquifère du Sahara...), toutes ces ressources sont partagées entre plusieurs pays, certains d'entre eux comme le Niger, la Gambie, le Botswana, la Mauritanie, le Soudan, le Tchad ou l'Egypte ayant une part très prépondérante de leurs ressources (dépassant 75 % et jusqu'à 98 %) en provenance de l'extérieur. Il en résulte une interdépendance sous régionale particulièrement forte dans ce domaine essentiel ;
- cette interdépendance est renforcée par la répartition, disparate et contrastée, de ces ressources, aussi bien

[1] PAUTET, A., *Afrique(s), du continent oublié au continent convoité*, éd. Ellipses, Paris, 2011, p. 193.

[2] Les hydrologues évaluent la rareté de l'eau dans les différentes régions en fonction des volumes disponibles par an et par habitant. Ainsi, il est établi qu'une région souffre de *stress hydrique* lorsque le volume d'eau est inférieur à 1 700 $m^3$ par an et par habitant, de *pénurie d'eau* lorsqu'il est en deçà de 1 000 $m^3$/ an/hab., et d'*insuffisance absolue en eau* lorsqu'un habitant dispose de moins de 500 $m^3$/an. De 1 700 à 2 500 $m^3$/personne et par an, on passe sous le seuil de vulnérabilité hydrique.

[3] OLIVIER, J-L., « Le défi de l'eau en Afrique », in Annales des Mines : Responsabilités et Environnement, avril 2006, pp. 12-13.

dans l'espace à travers le territoire, que dans le temps selon les saisons, sèches ou pluvieuses. Ainsi, neuf des vingt pays ne disposant pas de 1.000 m$^3$ d'eau par habitant dans le monde sont situés en Afrique, en Afrique du Nord et au Sahel ;

- enfin, les incertitudes qui pèsent, aux échelles régionale et sous régionale, sur les éventuelles évolutions du climat, notamment celle du régime des précipitations atmosphériques, en fonction de l'effet de serre, nécessitent une vigilance accrue et un effort de recherche prospective, dans un contexte d'ores et déjà fragile.

En ce qui concerne l'approvisionnement en eau et les conditions sanitaires des populations africaines, les services de distribution d'eau potable s'avèrent généralement peu développés et peu performants. Quant à l'assainissement, collectif ou individuel, il n'existe et ne fonctionne que rarement, entraînant morbidité et mortalité. La concentration urbaine en cours accroît les besoins d'infrastructures dans les secteurs non seulement de l'alimentation en eau, mais aussi, et surtout, de l'assainissement.[1]

Elle entraîne également un accroissement des risques d'épidémies de maladies hydriques (choléra, typhoïdes, dysenteries, etc.) ainsi qu'une sensibilité et une vulnérabilité plus grandes vis-à-vis des inondations, tout comme la déforestation qui aggrave aussi l'érosion des sols. Faute d'avoir sur place les compétences et l'expertise nécessaires dans les domaines aussi bien des techniques que des sciences sociales et humaines, les ouvrages hydrauliques, généralement très coûteux, réalisés dans les pays africains n'ont pas toujours une conception appropriée à leurs contextes économique, social et environnemental, ni une exploitation et une maintenance satisfaisantes.

En effet, ces pays ne disposent pas d'infrastructures suffisantes pour assurer la formation initiale ou continue, et le perfectionnement professionnel nécessaires dans le secteur de

[1] OLIVIER, J-L., *Art.cit.*, p. 14.

l'eau. Les cadres supérieurs sont souvent formés à l'étranger et ne reviennent pas toujours au pays. En revanche, les cadres moyens, techniques ou gestionnaires qui constituent l'ossature principale des organisations publiques ou privées (agents de maîtrise, etc.) ne peuvent être formés qu'en Afrique, sur place ou dans un pays voisin.

Enfin, la sécurité alimentaire du continent n'est pas bien assurée : trente des cinquante pays comptant plus de 20% de « mal nourris », et dix-huit des vingt-trois pays comptant plus de 34%, sont situés en Afrique. L'agriculture vivrière représente le moyen essentiel de subsistance dans les campagnes, et conditionne le maintien du peuplement rural, avec une production locale soumise à la concurrence des marchés mondiaux.

### 2.2. Défis et opportunités liés à l'eau

L'Afrique est confrontée à de nombreux défis et s'efforce d'apporter des améliorations en matière de quantité, de qualité et d'utilisation de ses ressources en eau ; néanmoins, aux problèmes correspondent des opportunités émergentes qui pourraient les résoudre. Les défis et opportunités peuvent être liés à des engagements pris en matière de politique par les dirigeants des pays africains, au nombre desquels[1] :

- Fournir de l'eau potable ;
- Assurer l'accès à l'assainissement adéquat ;
- Promouvoir la coopération entre bassins transfrontaliers ;
- Fournir de l'eau pour la sécurité alimentaire ;
- Développer l'énergie hydraulique pour accroître la sécurité énergétique ;
- Satisfaire la demande croissante en eau ;
- Eviter la dégradation des sols et la pollution de l'eau ;
- Gérer l'eau dans un contexte de changement climatique ;

[1] MEUBLAT, G., « La rénovation des politiques de l'eau dans les pays du Sud », in *Revue Tiers Monde*, n°166, avril-juin 2001, p. 8.

- Renforcer les capacités pour aborder les défis hydriques.

Parler de défis divers auxquels l'Afrique fait face et qu'elle doit relever concernant la question d'eau, renvoie à examiner aussi les facteurs qui renforcent la pénurie d'eau potable, ensuite analyser les risques potentiels que ces facteurs peuvent entraîner. Ces facteurs sont comme d'aucuns le savent, la démographie et l'urbanisation, la fragilisation des écosystèmes ainsi que l'inégale répartition d'eau.

**a) Démographie et urbanisation**

Le principal défi de l'Afrique en matière de ressources en eau reste l'urbanisation massive de sa population. En effet, le continent connait une croissance démographique exceptionnelle provenant essentiellement de l'accroissement des populations dans les villes. Or ce phénomène est directement lié à la question de l'eau car moins de 10% de la population africaine urbaine bénéficie d'un accès privatif à l'eau douce et les ordures ménagères ne sont ramassées que pour 10 à 30% des africains. De ce fait, la majeure partie de la population n'a pas un accès direct à l'eau, ce qui a des effets considérables sur l'environnement. L'utilisation des rivières par les populations pour leurs activités domestiques illustre parfaitement ce problème : les cours d'eau permettent aux individus de pouvoir se laver, de faire leur lessive ou vaisselle, mais aussi d'abreuver le bétail. L'utilisation excessive de l'eau des rivières par la plupart des populations urbaines, a de lourdes répercussions sur la qualité de l'eau. Or l'eau insalubre, souvent polluée, est le premier facteur de mortalité des individus car vecteur de maladies.

**b) Fragilisation des écosystèmes**

Face aux changements climatiques que connait la planète, l'Afrique reste le continent le plus vulnérable alors même qu'il est celui dégageant le moins de $CO_2$. Cette dégradation de la situation environnementale accroît le risque de pénurie d'eau.[1] Il en découle ainsi de multiples conséquences environnementales telles que l'assèchement des lacs, la fonte des glaciers ou encore la désertification.

Les conséquences de l'accroissement démographique touchent aussi l'agriculture qui est le secteur consommant le plus d'eau en Afrique. En effet, les activités agricoles s'intensifient fortement pour pouvoir faire face à la hausse de la demande et nécessitent donc de plus forts besoins en eau. Mais cette augmentation des rendements agricoles n'est pas sans conséquence car elle conduit à une surexploitation des sols qui subissent une forte érosion et une importante dégradation de leur fertilité. Ces derniers deviennent alors de plus en plus imperméables rendant l'exploitation des cultures difficiles et sont à l'origine de fortes inondations. Ce qui fait que la non-pénétration de l'eau dans les sols met fortement à mal la sécurité alimentaire des populations qui sont donc touchées par la malnutrition. Le développement des activités agricoles est alors à la fois un facteur de la dégradation des terres, mais aussi un risque de pénurie d'eau. Cette intensification de l'agriculture renforce notamment le processus de déforestation afin de créer de nouvelles surfaces exploitables. Or, les arbres sont de puissants régulateurs d'eau, dont le rôle est primordial pour lutter contre le risque de pénurie.

Si l'activité agricole nécessite beaucoup de ressources en eau, il en va de même pour l'activité industrielle qui connait un fort développement. Cette dernière est souvent source de pollution massive qui ne fait pas l'objet de traitement, comme c'est le cas notamment des rejets agro-industriels dans les rivières. Tous ces phénomènes sont dévastateurs car l'Afrique, de par sa pauvreté et sa corruption, n'est que faiblement capable de s'adapter ou de faire face aux catastrophes. La préservation de l'environnement est donc bien liée à la gestion de l'eau.

De ce qui précède, l'inégale répartition de l'eau en Afrique est tout d'abord représentée par des disparités

---

[1] COMPAGNON, D. et CONSTANTIN, F., *Administrer l'environnement en Afrique*, éd. Karthala-IFRA, Paris, 2000, p. 64.

territoriales. En effet, l'Afrique est un vaste continent caractérisé par différentes zones climatiques dont les plus touchées par le risque de pénurie d'eau sont les zones semi-arides et arides, c'est le cas de l'Afrique saharienne, australe et septentrionale. De plus, le continent connaît un accroissement des zones endoréiques, c'est-à-dire des régions dont les eaux fluviales ne gagnent pas la mer.

Les changements climatiques viennent par ailleurs renforcer ces disparités territoriales en eau de par leurs effets dévastateurs sur l'écosystème. Ils ont par exemple des conséquences dramatiques sur les précipitations qui sont de plus en plus irrégulières et inégales : les zones d'aridité alternent entre sécheresse et inondation en raison de l'érosion des sols alors que les régions équatoriales bénéficient de plus grandes ressources en eau douce.[1] Néanmoins, bien que ces dernières soient favorisées, cela ne signifie pas que leurs disponibilités en eau sont suffisantes car les multiples facteurs évoqués précédemment viennent mettre à mal ces ressources. En effet, la croissance démographique, les activités agricoles, industrielles et touristiques nécessitent toujours plus de besoins en eau. En d'autres termes, la demande en eau douce dépasse toujours les ressources disponibles.

La question de l'eau en Afrique est donc sociale et environnementale, mais qu'elle est aussi source de tensions politiques de par son impact économique pour chacun des pays du continent.

Sous un autre angle, l'eau se présente en Afrique comme une potentielle source de tensions qu'il convient de maîtriser, par[2] :

- Le contrôle d'accès inégal selon les zones ;
- Le maintien de la relation entre eau et sécurité internationale ;
- Le développement d'une gestion partagée.

---

[1] COMPAGNON, D. et CONSTANTIN, F., *Op.cit.*, p. 69.

[2] BRUNEL, S., *Les risques et les paradoxes de l'eau en Afrique*, Conférence/ Festival de géographie de Saint-Dié, 20 août 2003.

### 2.3. Distribution régionale des ressources en eau douce

**Tableau n°1 : Données relatives aux ressources internes et volumes de précipitations.**

| Région | *Superficie* | *Pluie* | *Ressources renouvelables internes* | | | |
|---|---|---|---|---|---|---|
| | *(1000 Km²)* | *(Km³/an)* | *(Km³/an)* | *Mm³/an* | *% du total* | *% de la pluie* |
| Nord | 5,753 | 411 | 50 | 8,7 | 1,2 | 12,2 |
| Soudano-sahélienne | 8,591 | 2,878 | 170 | 19,8 | 4,3 | 5,9 |
| Golfe de Guinée | 2,106 | 2965 | 952 | 452,0 | 23,8 | 32,1 |
| Centre | 5,329 | 7,621 | 1,946 | 365,2 | 48,8 | 25,5 |
| Est | 2,916 | 2,364 | 259 | 88,8 | 6,5 | 11,0 |
| Îles de l'océan | 591 | 1005 | 340 | 575,3 | 8,5 | 33,8 |
| Sud | 4,739 | 296 | 274 | 57,8 | 6,9 | 9,2 |
| Total | 30,025 | 20,211 | 3,991 | 132,9 | 100,0 | 19,7 |

**Source** : Gérard SOUNIA, *L'eau et le sol dans les géo-systèmes tropicaux, aires protégées d'Afrique francophone*, 1998.

Ce tableau présente pour chaque région, les données relatives aux ressources internes et compare les résultats avec les volumes de précipitations.

La valeur du pourcentage des prélèvements en eau en fonction des ressources renouvelables internes est un indicateur de l'importance des transferts pour certains pays. La Libye, la Tunisie, le Maroc et l'Algérie ne bénéficient pratiquement pas d'apports transfrontaliers.

En Libye, l'utilisation de l'eau dépasse le volume des ressources renouvelables, la différence étant compensée par l'exploitation de ressources fossiles.

L'Egypte et la Mauritanie prélèvent, elles aussi plus d'eau qu'elles n'en produisent sur leurs territoires, mais elles bénéficient respectivement des apports du Nil et du Sénégal.[1]

### A. L'Afrique du Nord

L'Afrique du Nord dispose d'un potentiel hydrique appréciable, grâce aux plateaux calcaires des chaines de l'Atlas et à sa couverture neigeuse. Elle souffre ainsi du défaut mais aussi d'excès d'eau. Les cinq sixièmes de la superficie du grand Maghreb sont occupés par le désert. Non seulement les pluies y sont très peu abondantes, mais l'évaporation y est très forte à cause de la chaleur.

Le Maghreb humide est soumis au climat de type méditerranéen, dont la caractéristique essentielle est la sécheresse d'été, les pluies se répartissant inégalement sur les autres saisons. La mobilisation de l'eau constitue un des problèmes majeurs.

En outre, arides ou semi-arides, les cinq pays du Maghreb ne disposent que d'un potentiel hydrique mobilisable limité à 3.109$m^3$ annuels en Tunisie, 17.109 en Algérie et 30.109 au Maroc.[2]

Or la consommation augmente rapidement : besoins en eau potable et des industries, équipements touristiques de

[1] KAPI, J., et TSHUNZA, F., *Actes du premier Colloque international sur la problématique de l'eau en RDC*, éd. PUK, Kinshasa, 2008, p. 42.
[2] Idem, p. 46.

plus en plus gourmands et surtout, eau d'irrigation, première consommatrice et secteur le plus menacé dans l'avenir.

Comme on peut le voir, la montée des besoins en eau est une des contraintes des politiques de développement, de l'accroissement démographique, de l'urbanisation rapide, du changement dans le mode de vie, d'équipements industriels, les stations touristiques conduisant à une croissante utilisation en eau potable.

**B. L'Afrique Soudano-Sahélienne**

Le Niger, la Somalie, l'Erythrée et le Tchad dans l'hémisphère nord, la Namibie et le Botswana dans l'hémisphère sud, ont des ressources en eau renouvelables internes faibles mais bénéficient quand même d'apports transfrontaliers. Les deux Soudans (Nord et Sud), l'Afrique du Sud et le Swaziland présentent quant à eux des taux d'utilisation des ressources importants mais ils bénéficient aussi des ressources renouvelables internes conséquentes ainsi que d'apports transfrontaliers non négligeables.

De par sa relation étroite avec les ressources en eau, le potentiel d'irrigation est lui aussi inégalement réparti entre les différentes régions. Il faut noter également que, en raison de non concordance entre les régions géographiques et les bassins hydrographiques, les transferts d'eaux de zones à climat humide vers des zones plus arides permettent à ces dernières de bénéficier d'un potentiel d'irrigation nettement plus élevé que leur permettraient leurs propres ressources en eau. C'est le cas des zones du Sud, traversées par le Limpopo, l'Orange et le Zambèze en Afrique Australe.[1]

Quelques dates indispensables[2]

1963 : Création de la Commission du fleuve Niger.
1964 : Commission du Bassin du Lac Tchad.
1972 : Organisation pour la mise en valeur du fleuve Sénégal.

---

[1] KAPI, J., et TSHUNZA, F., *Op. cit.*, p. 85.

[2] Ces dates indiquent certaines rencontres en rapport avec l'eau au niveau mondial, et renseignent sur quelques institutions internationales de bassin en Afrique subsaharienne, voir MERINO Mathieu, « L'eau : quels enjeux pour l'Afrique Subsaharienne ? », in Note de la Fondation pour la Recherche Stratégique, n°20, 10 décembre 2008, p. 12.

1978 : Organisme de Mise en Valeur du fleuve Gambie (OMVG).
1980 : Autorité du Bassin du Niger.
1992 : Tenue de la Conférence de Rio sur le développement durable. Celle-ci entend appliquer les principes de la GIRE édictés à Dublin (l'eau est une ressource vulnérable à gérer de façon globale et tous les acteurs doivent participer notamment en fondant des associations d'usagers de l'eau, les femmes doivent être particulièrement impliquées dans la gestion durable de l'eau).
1994-2000 : Multiplication des Commissions internationales pour éviter les guerres de l'eau (Okavango River Water Commission, Orange-Senqu Commission, ...).
1993 : L'ONU fixe au 22 mars la Journée mondiale de l'eau.
1994 : Conférence des Nations –Unies sur la population et le développement au Caire.
1994: Zambezi Watercourse Commission (ZAMCOM).
1995: Southern Africa Development Community-Protocole on shared watercourse system.
1999 : Commission Internationale du Bassin Congo-Oubangi-Sangha (CICOS).
*1999 :* Initiative pour le Bassin du Nil (IBN).
2002 : Sommet mondial sur le développement durable à Johannesburg, réfléchissant notamment à l'accès à l'eau et à l'assainissement.
2003 : Année mondiale de l'eau à l'ONU.
2006 : Forum mondial de l'eau à Mexico (Mexique).
2007 : Autorité du Bassin de la Volta.
*2009 :* Forum mondial de l'eau à Istanbul (Turquie).

***Quelques chiffres***[1]

- La consommation moyenne d'eau par ménage s'est dégradée depuis les années 1960, passant de 30 à 25 litres.
- 83% des africains ont accès à l'eau potable en moyenne dans les villes d'Afrique, contre 47% seulement à la campagne.

[1] PAUTET, A., *Op.cit.*, p. 193.

- 64% bénéficient de réseaux d'assainissement en ville, mais 45% en campagne.
- Du fait de l'absence d'entretien des conduites, les africains perdent selon les espaces entre 40 et 80% de leurs ressources en eau.
- Un français consomme 150 litres d'eau par jour, contre 30 pour un soudanais.

## Chapitre 3. LE DROIT INTERNATIONAL DE L'EAU FACE AUX ENJEUX GEOPOLITIQUES EN AFRIQUE

### Section I. Normes internationales générales

Alors que la Convention de Barcelone de 1921[1] définit les règles de navigation sur les cours d'eaux internationaux, seuls des textes d'application locale traitent au cas par cas des règles d'utilisation des ressources en eau entre deux ou plusieurs pays, en particulier dans le cas des aménagements hydroélectriques. Les Etats situés en amont ont tendance à recourir à la « doctrine Hamon »[2], qui reconnait à l'Etat l'entière souveraineté sur les ressources hydriques situées sur son territoire.

Le droit international de l'eau est caractérisé par un grand éclatement. Il repose sur quelques principes de droit coutumier, sur quelques instruments et conventions internationales d'application générale, et sur une multitude des traités et d'ententes bilatérales et multilatérales réglementant l'utilisation des ressources en eau dans les bassins transfrontaliers.

S'agissant des traités internationaux comportant des dispositions sur l'eau, conclus à travers l'histoire, la FAO en a recensé 3.600, dont plus de 2.000 sont encore actifs. Depuis 1945, près de 300 traités relatifs à l'allocation et à la gestion des ressources en eau dans les bassins transfrontaliers ont été conclus. Le droit coutumier et les conventions internationales traitent d'aspects aussi variés que la navigation, l'hydroélectricité, la lutte contre la pollution, la régulation des débits, la conciliation des usages, la répartition des ressources et de nombreuses autres questions.[3]

---

[1] « La Convention de Barcelone de 1921 sur le régime des voies navigables internationales », (en ligne) sur http://www.internationalwaterlaw.org/IntlDocs/Barcelona_Conv.htm.

[2] Du nom du juge américain, auteur de la thèse selon laquelle « chaque Etat jouit d'un droit illimité sur les ressources en eau sises sur son territoire. En revanche, les Etats en aval vont, eux, défendre la réception inaltérée des eaux partagées entrant dans leur territoire ».

[3] SIRONNEAU, J. et LASSERRE, F., *Op.cit.*, p. 104.

## §1. Les principes et les ententes de portée mondiale[1]

### 1.1. Les principes classiques

Le droit international moderne relatif à l'eau est né à la fin du XIXe siècle et est fondé sur le concept de souveraineté territoriale. Deux doctrines s'affrontent depuis lors. La doctrine Hamon, fondée sur le principe de la souveraineté territoriale illimitée ou absolue, tandis qu'une seconde doctrine s'appuie sur l'intégrité territoriale illimitée.[2]

La doctrine Hamon a été énoncée lors d'un conflit entre les États-Unis et le Mexique en 1896 concernant l'allocation des eaux du Rio Grande à la frontière entre les deux pays. Une série de dérivations par les américains avait réduit l'approvisionnement en eau du Mexique. Le gouvernement américain soutenait que, puisque cette eau trouvait son origine et circulait en sol américain, les Etats-Unis étaient en droit d'en disposer à leur guise. A l'opposé, le Mexique s'appuyait sur la doctrine de l'intégrité territoriale illimitée pour soutenir que les pays situés en aval étaient en droit d'exiger le maintien du flot des cours d'eau sur les plans quantitatif et qualitatif, sans quoi il en résultait une atteinte à l'intégrité territoriale du pays. Une troisième doctrine, celle de l'usage antérieur, était également articulée par le Mexique qui soutenait que les habitants riverains mexicains étaient en droit d'exiger le maintien des quantités d'eau traversant la frontière puisqu'ils avaient été historiquement les premiers à exploiter la ressource.[3]

Les doctrines ci-dessus continuent d'être évoquées par des pays riverains lors des conflits d'usage internationaux, selon les situations propres à chaque pays. Cependant, elles ont été largement discréditées et remplacées par des principes de droit qui tentent d'établir un compromis entre des positions inconciliables.

---

[1] SIRONNEAU, J. et LASSERRE, F., *Op.cit.*, p. 108.

[2] Pour plus de détails concernant ces deux doctrines, lire SOHNLE, J., *Le droit international des ressources en eau douce : Solidarité contre souveraineté*, éd. La Documentation française, Paris, 2002, pp. 244-250.

[3] ROYETTE, H., *Les enjeux stratégiques de l'eau et les initiatives récentes*, éd. L'Harmattan, Paris, 2006, pp. 46-47.

## 1.2. Les principes de droit coutumier

Le droit coutumier relatif à l'eau s'est considérablement développé au XX^e siècle, qui a vu s'élaborer une série des principes permettant d'atténuer les doctrines basées sur la souveraineté illimitée. Les principes de communauté d'intérêts, de souveraineté territoriale limitée et d'utilisation équitable et raisonnable ont été introduits et ont permis de résoudre plusieurs conflits hydriques internationaux. Ces principes sont habituellement repris sous une forme ou une autre dans les traités bilatéraux ou multilatéraux relatifs aux ressources en eau.

Ils ont notamment été repris et énoncés explicitement dans les déclarations de Stockholm (1972) et de Rio (1992) sur l'environnement et le développement.[1]

Ainsi, pour prévenir les conflits liés à l'eau, une première tentative de systématisation du droit international de l'eau a été réalisée en 1966, avec la rédaction et l'adoption par l'International Law Association des Règles sur l'utilisation des eaux des fleuves internationaux ou Règles d'Helsinki, qui consacraient déjà le principe fondamental de l'utilisation équitable et raisonnable. Les Règles d'Helsinki, énoncent, à l'article 6 que : « Tout Etat du bassin a droit sur son territoire à une part raisonnable et équitable et à l'utilisation avantageuse des eaux du bassin de drainage international ».[2] Seulement, la détermination de ce qui est une part raisonnable et équitable se fait à la lumière de tous les facteurs pertinents dans chaque cas particulier. Cet énoncé a introduit pour la première fois la notion d'équité dans l'allocation des ressources en eau partagées.

Néanmoins, malgré une influence reconnue unanimement, les Règles d'Helsinki ne seront pas adoptées par l'Assemblée Générale des Nations-Unies en raison des différends qui opposaient les Etats quant à la valeur de ces Règles. C'est donc à la Commission du Droit International que les Etats ont préféré confier les soins d'élaborer de nouveaux articles.

La Convention de New-York de 1997, qui laisse de côté les règles relatives à la navigation, établit, d'une part, deux obligations substantielles : l'utilisation équitable et raisonnable

---

[1] ROYETTE, H., *Op.cit*, p. 49.
[2] Idem, pp. 65-66.

et l'interdiction de causer un dommage. D'autre part, elle consacre plusieurs obligations procédurales, dont la principale concerne l'obligation générale de coopérer.[1]

La Déclaration de Stockholm sur l'environnement et le développement, adoptée en 1972 lors de la première grande conférence[2] internationale sur l'environnement et le développement, énonce une série des principes repris, par la suite, dans de nombreuses conventions internationales, notamment dans la Déclaration de Rio sur l'environnement et le développement en 1992.

Le principe 21 de la Déclaration de Stockholm confirme le droit des Etats d'exploiter les ressources naturelles sur leur territoire dans la mesure où cette exploitation ne cause pas de préjudice aux Etats voisins ou aux régions ne relevant d'aucune juridiction nationale. Dans le cas de l'eau, il s'agit d'assurer aux Etats riverains situés en aval un approvisionnement constant d'une eau qui ne doit pas avoir été substantiellement et qualitativement modifiée. Le principe établit donc un équilibre entre la souveraineté sur les ressources en eau et la protection des ressources partagées.[3]

### 1.3. Les ententes et les traités internationaux[4]

Plusieurs ententes et traités internationaux portent spécifiquement sur l'eau ou comprennent des dispositions relatives aux ressources en eau. L'étude détaillée de ces instruments juridiques, amène à citer à l'essentiel la Convention sur les modifications à l'environnement, la Convention sur la protection et l'utilisation des cours d'eau transfrontaliers et des lacs internationaux, et la Convention sur le droit relatif aux

---

[1] Voir Nations-Unies, Assemblée Générale, *Documents officiels de la vingt-cinquième Session,* doc. A/C.6/SR.1225 et suivants.

[2] Cette conférence a été à l'origine du concept *d'écodéveloppement*, qui s'efforçait de concilier croissance et préservation des ressources naturelles. Elle a conduit à la création des Ministères de l'Environnement dans les Etats qui en étaient dépourvus et a débouché sur la création des Programmes des Nation-Unies pour l'Environnement et pour le Développement. Voir FLIPO, F., *Le développement durable*, *Op.cit.*, p. 122.

[3] ROYETTE, H., *Op.cit.,* p. 67.

[4] Idem, p. 68.

utilisations des cours d'eau internationaux à des fins autres que la navigation.

La Convention sur les utilisations des cours d'eau internationaux à des fins autres que la navigation, développée par la Commission du droit international après 27 ans de travaux, a été adoptée par l'Assemblée Générale des Nations-Unies le 24 mai 1997.[1] Cette convention définit la notion de bassin de drainage international en incluant les eaux de surface et les eaux souterraines. Elle réserve à chaque Etat d'un bassin hydrographique une part « raisonnable et équitable » dans l'utilisation des eaux du bassin de drainage international. Un Etat ne peut donc pas causer des dommages à ses voisins par son utilisation d'un cours d'eau.

La convention codifie les principes et les règles de droit coutumier qui doivent guider les Etats dans la négociation d'ententes futures sur les cours d'eau transfrontaliers. Cent trois pays ont soutenu l'adoption de cette convention qui doit être ratifiée par trente-cinq pays pour entrer en vigueur.[2] Elle souffre toutefois de l'absence de deux acteurs de taille : la Chine et la Turquie, qui ont refusé de la signer.

La convention reprend pour l'essentiel le principe 21 de la Déclaration de Stockholm en obligeant les Etats à prendre les mesures appropriées pour prévenir les dommages qui peuvent être infligés aux autres Etats par leur utilisation des ressources en eau. Elle reprend également le principe 24 en exigeant que les Etats d'un bassin versant coopèrent sur une base d'égalité, d'intégrité, de bénéfices mutuels et de bonne foi afin d'assurer une utilisation optimale des ressources en eau et une protection appropriée des cours d'eau internationaux.[3]

---

[1] « Convention des Nations Unies sur l'utilisation des voies d'eaux internationales à des fins autres que de navigation », (en ligne) sur http://www.internationalwaterlaw.org/IntlDocs/Watercourse__Conv.htm.

[2] « Etat de la ratification », (en ligne) sur http://www.internationalwaterlaw.org/IntlDocs/watercourse__Conv_status.htm.

[3] ROYETTE, H., *Op.cit.*, pp. 69-70.

## §2. Un droit international pour désamorcer les tensions !

La communauté internationale est consciente de ces tensions potentielles relatives à l'eau et cherche à instaurer des règles. Au niveau des instances internationales, l'eau avait fait l'objet d'un plan d'action pour la décennie 2005-2015, intitulé « L'eau, source de vie ».[1] Il vise à encourager les efforts de l'ensemble des acteurs pour assurer le respect des engagements internationaux pris dans le domaine de l'eau et sur les questions relatives à l'eau, jusqu'en 2015, en mettant un accent spécial sur la participation des femmes à ces efforts. Il s'agit en réalité de la seconde décennie internationale consacrée aux questions liées à l'eau. Elle succède en effet à la Décennie internationale de l'eau potable et de l'assainissement (1981-1990).

En outre, plusieurs Déclarations d'intention ont été prononcées, comme celle signée par 130 pays à l'issue du 6e Forum mondial de l'eau organisé en mars 2012 à Marseille. Celle-ci prônait « l'accélération de la mise en œuvre des obligations en matière de droits de l'Homme pour l'accès à l'eau potable et l'assainissement ». Un certain nombre des textes a été également adopté pour tenter de régler les différends liés au partage de l'eau. Pendant longtemps, le droit international considérait l'eau comme un élément économique ou un facteur d'activité économique, si bien que la plupart des textes ayant trait à l'eau concernait la navigation. Mais, à partir du début des années 1970, les organisations internationales se sont employées à créer un droit international protégeant la ressource aquatique. Les conventions d'Helsinki du 17 mars 1992 et de New-York du 21 mai 1997, adoptées par l'Assemblée générale des Nations-Unies sont des textes majeurs en la matière.

Le premier, sur « l'utilisation des cours d'eau transfrontaliers et des lacs internationaux », vise à garantir un usage équitable des ressources en eau au moyen d'une approche holistique qui traite des différents aspects de l'eau. Le second, sur « le droit relatif aux utilisations des cours d'eau internationaux à des fins autres que la navigation », vise à codifier le droit des cours d'eaux transfrontaliers.

---

[1] Lire la Résolution A/RES/58/217 de l'Assemblée Générale des Nations-Unies, adoptée lors de sa 58e Session, New-York, 2005.

Toutefois, ces deux conventions et leurs amendements ultérieurs n'ont pas été ratifiés par tous les Etats. Surtout, aucune instance n'a été mise en place pour veiller à leur application et sanctionner le cas échéant. Il semblerait néanmoins que la solution la plus privilégiée soit la coopération régionale ad hoc, débouchant sur la signature d'un traité ou sur la création d'un espace formel de négociation. A ce jour, peuvent être recensés 145 traités, bilatéraux pour la plupart. Ceux-ci visent à régler les questions frontalières et le partage des eaux entre les parties du traité, l'utilisation équitable et rationnelle des ressources (navigation, hydroélectricité, irrigation), la communication des données entre pays riverains ou encore la protection des écosystèmes[1]. Progressivement, ont été aussi mis en place des programmes internationaux d'aide à l'instauration de la coopération régionale et des espaces de négociation.

C'est dans ce sens que l'Unesco et la Banque mondiale par exemple, sont actifs dans le domaine de coopération comme solution raisonnée en la matière. Ces deux organisations internationales s'attachent à ce que les régions maximalisent les potentiels des bassins communs et assurent la pérennité et le partage plus ou moins équitable de la ressource.[2] Ainsi, la première a mis en place un programme mondial pour l'évaluation des ressources en eau (World Water Assessment Program – WWAP), dont un des volets s'intitule « Du conflit à la coopération ». Son but est l'établissement et le raffermissement des bases de coopération entre les États. Quant à la seconde, elle s'est associée aux programmes de développement des Nations Unies. La Banque mondiale et le Programme des Nations Unies pour le Développement (PNUD) ont fondé le Global Water Partnership (GWP) en 1996, avec le soutien de l'Agence suédoise de coopération et de développement international (Swedish International Development Cooperation Agency).

Le but de ce partenariat reste celui de fournir à l'ensemble des acteurs concernés une réponse à l'élaboration d'un projet

---

[1] DE CHAZOURNES, L. et SALMAN, M-A., *Les ressources en eau et le droit international*, éd. Martinus Nijhoff Publishers, Boston, 2005, p. 55.

[2] TAITHE, A., *Partager l'eau. Les enjeux de demain*, éd. Technip, Paris, 2006, p. 43.

hydraulique tout en mettant en liaison les gouvernements, les sociétés et les banques impliquées.

### 2.1. L'eau au cœur des enjeux mondiaux

- **Enjeu de pouvoir**

Le domaine politique contrôle la source et l'approvisionnement en eau de la population. L'eau est alors un élément constitutif de la souveraineté à côté des armes, de la justice, et de la monnaie. Elle sert de moyen juridique et économique de centralisation politique, en se fondant sur les fleuves, les lacs et les canaux qui traversent le territoire national.

Karl Wittfogel à qui on doit la première réflexion d'ampleur sur l'hydro politique, estime que la maîtrise de l'eau constitue un élément essentiel du pouvoir.[1] Acquisition d'eau potable, irrigation des cultures, navigation fluviale, sont autant de fonctions sur lesquelles se sont organisées de fortes autorités collectives, comme l'Egypte ancienne (née et organisée autour du Nil), la Mésopotamie ou la Chine impériale.[2] Elles nous rappellent que les anciennes puissances étaient d'abord maritimes. Même dans la Rome Antique : en contrôlant la Méditerranée, César a contrôlé le monde de l'époque. La mare nostrum - « notre mer », – ne fut telle que parce que l'Empire romain y était maître, non seulement politiquement, mais dans une large mesure aussi commercialement sinon spirituellement.[3] De sorte que tout celui qui devait passer par la Méditerranée devrait faire allégeance à Rome.[4] Qui contrôle l'eau contrôle les autres.

Mais Wittfogel ne s'est pas limité seulement à l'étude des sociétés anciennes, il a aussi dressé un parallèle éclairant entre les deux grandes puissances de son époque, l'URSS et l'USA. Dès

---

[1] WITTFOGEL, K. cité par CLOS, Y-J., *L'eau, arme stratégique du 21e siècle*, éd. L'Harmattan, Paris, 2008, p. 96.

[2] CLOS, Y-J., *Op.cit.*, p. 98.

[3] ENCEL, F., *Op.cit.*, p. 191.

[4] MAKIESSE MWANA Wa NZAMBI, D., « Histoire de l'eau », Communication donnée à l'occasion de la Journée mondiale de l'eau, le 22 Mars 2014 à l'Hôtel Venus de Kinshasa/Gombe.

avant la seconde guerre mondiale, le contrôle des systèmes hydrauliques est, selon lui, la clef du « « despotisme oriental ».[1]

On le voit, l'eau en tant qu'espace de communication (maritime, fluvial...) offre toujours aux Etats des promesses d'expansion. Ce fut le cas de la France dont la politique extérieure, tout au long des siècles, visait à atteindre le fleuve Rhin. De même l'accès à la mer était un grand objectif de la politique de la Russie, qui a fait la guerre à la Turquie pour se frayer le passage à travers le détroit de Dardanelles.

Pour appuyer cette réalité, Franklin Oniemba Mundala cite en exemple les nations maritimes ou puissances de thalassocratie comme l'Angleterre et les Etats Unis, pour lesquelles, la domination mondiale grâce à la maîtrise des mers, est une question non seulement de puissance mais à proprement parler, d'existence. Car l'océan offre aux petits pays des espaces infinis pour s'étendre ; quant aux grandes puissances commerçantes, c'est au-delà des mers, protégées par leurs flottes de guerre, qu'elles forgèrent leurs empires coloniaux.[2]

- **Enjeu vital**

L'eau douce est indispensable à l'existence et au développement de sociétés organisées. Sans elle, pas de satisfaction des besoins individuels, ni de suffisance alimentaire, mais aussi pas de réalisation industrielle ou énergétique. Sans l'eau les peuples vivraient dans l'insécurité. L'eau est la source de la vie humaine et de la production agricole et industrielle de tous les Etats développés ou en voie de développement. Elle a été toujours à l'origine d'établissement des civilisations et des regroupements humains, qui sont installés auprès des sources.

Ainsi, l'eau comme enjeu stratégique, doit mobiliser les décideurs privés et publics ; les responsables politiques qui inscrivent leurs discours et leurs actes dans une logique d'anticipation.

---

[1] CLOS, Y-J., *Op.cit.*, p. 99.

[2] ONIEMBA MUNDALA, F., *Eau et développement durable en Afrique : la problématique de l'importance géopolitique du bassin fluvial du Congo face aux ambitions des acteurs régionaux. Cas de la République d'Afrique du Sud*, Mémoire de DES en RI, FSSAP, UNIKIN, 2014-2016, pp.18-20.

Simon Kirzner avait vu juste à ce sujet lorsqu'il écrivait : « la force réside dans la capacité de voir avant les autres, d'être vigilants, pourquoi pas dans la capacité d'innover ! Il explique que vis-à-vis des ressources naturelles, la capacité inventive d'un acteur est sa dernière chance ».[1]

La localisation des sources, des lacs, des fleuves sur le territoire d'un Etat est une chance géographique. Elle est à l'origine de la puissance hydrique, mais aussi économique, voire politique de cet Etat, dans la mesure où elle facilite l'implication des groupes humains dans le développement agricole. Or la RDC a cette chance mais n'arrive pas à être une puissance régionale ou sous régionale.

Donc, chaque Etat doit inventorier et mesurer l'ensemble des ressources en eau douce actuelles ou potentielles. L'Etat analyse la situation hydrique globale, pour savoir si la population est en état de stress ou de suffisance. Il est à même de prendre des mesures indispensables pour satisfaire l'approvisionnement en eau de sa population. Il peut conclure des accords économiques et politiques avec les Etats voisins ou autres qui possèdent des richesses hydriques supérieures. Car c'est à partir des accords politiques qu'un Etat peut assurer la sécurité de sa population et son développement durable. La mise en œuvre d'une hydro stratégie de paix, par un Etat lui permet de réaliser son approvisionnement en eau douce, à un prix politique et économique acceptable et admissible pour l'ensemble des sociétés.

- **Enjeu de sécurité**

L'eau pourrait être à l'origine d'une nouvelle analyse géostratégique de la sécurité internationale, qui prendrait en compte l'évolution des rapports de force politiques, militaires et économiques. Elle pourrait donner naissance à un nouveau groupe de puissances susceptibles de peser sur la scène internationale et de garantir la sécurité humaine, économique et politique.

---

[1]KIRZNER, S., « Journée mondiale de l'eau, mars 2001 », disponible sur http://www.libres.org/français/archi/societe03200/eausl32.htm, consulté le 25 mars 2017.

Elle faciliterait une approche globale de la sécurité internationale pour les Etats dotés d'un vaste territoire et d'une importante population. L'eau serait un facteur de puissance supplémentaire au XXI$^{ème}$ siècle pour les Etats, donc un nouvel élément constitutif de la puissance internationale, à côté des données naturelles, économiques et technologiques. Elle suscite ainsi le développement d'une nouvelle doctrine stratégique : l'hydro stratégie.[1]

- **Enjeu de santé**

L'eau est un liquide vital pour l'homme : son corps, qui en est composé à 70%, ne peut survivre plus de trois jours sans elle.[2] Mais paradoxalement l'eau tue aussi par sa surabondance et par sa capacité à véhiculer des maladies dites hydriques et celles liées à l'insalubrité comme la malaria, la bilharziose, la fièvre jaune, la schistomiase, etc. L'on note que 80% des maladies sont liées à l'eau, lorsqu'il y a dégradation, pollution ou mauvaise qualité.

Réfléchissant aux enjeux sanitaires et autres de l'eau, Franck Galland rappelait avant tout un fait trop souvent oublié, ou passé sous silence : dans le monde contemporain, l'absence, l'insuffisance d'eau potable ou sa mauvaise qualité tuent dix fois plus que l'ensemble des conflits armés.[3]

On le voit, les maladies liées à l'eau sont une tragédie humaine : elles tuent chaque année des millions de personnes, empêchent des millions de personnes de mener une vie saine et sapent les efforts de développement. Environ 2,3 milliards d'habitants, de par le monde, ont des maladies qui sont liées à l'eau. La mortalité infantile est due, à la hauteur d'environ 60 %, à des maladies contagieuses et parasitaires dont la plupart sont liées à l'eau.

Dans certains pays, les maladies liées à l'eau représentent une forte proportion de toutes les maladies des adultes et des enfants. L'Organisation Mondiale de la Santé (OMS) estime que la moitié de la population des pays en développement, en grande majorité des enfants, est affectée par des maladies infligées directement par une eau de mauvaise qualité ou indirectement, par

[1] CLOS, Y-J., *Op.cit.*, p. 103.
[2] GOUCHON, P., et HUISSOUD, J-M., *Op.cit.*, p. 84.
[3] GALLAND, F., *Op.cit.*, p. 9.

l'intermédiaire d'organismes porteurs d'infections et de virus. Dans ces pays, 80% des cas de pathologies recensés trouvent leur origine dans une eau de mauvaise qualité. De même entre 3 et 5 millions de personnes meurent chaque année dans le monde, des maladies dues à l'eau.[1] Le problème d'accès à l'eau est donc au cœur de la plupart des problèmes de santé publique que connaissent les pays en développement.

Louis Pasteur avait coutume de dire : « nous buvons 90% de nos maladies ».[2] Et Loïc Chauveau titrait un article : L'eau : de sa qualité dépend le sort de milliards d'individus.[3]

Parmi les maladies les plus fréquentes, on retrouve la malaria qui menace 2 milliards de personnes, atteignant annuellement plus de 100 millions de personnes et entraînant la perte de 2 millions de vies humaines par année. Le choléra qui suit fréquemment des catastrophes naturelles a connu une recrudescence au cours des années 1990, notamment en Amérique du Sud et en Afrique. La typhoïde, la fièvre Dengue, les vers intestinaux, la fièvre Jaune, la dysenterie et plusieurs autres maladies intestinales figurent dans la liste des maladies liées à l'eau.

- **Enjeu environnemental**

Lorsque les eaux usées sont rejetées directement dans le milieu naturel, celles-ci constituent une cause majeure de la pollution. Pourtant, plus de la moitié de la population du monde ne bénéficie pas des systèmes de dépollution des eaux usées, la moitié de grands fleuves et lacs nationaux sont pollués. Ce problème de pollution fait que les pressions importantes qui s'exercent sur les réserves d'eau douce dans diverses régions du monde contribuent à une détérioration préoccupante de leur qualité.[4]

En effet, le traitement et l'évacuation appropriée des eaux usées favorisent la conservation de l'écosystème et réduisent la

---

[1] Rapport de l'Organisation Mondiale de la Santé, 2010, p. 70.

[2] PASTEUR, L., cité par HELOISE, D., « L'eau au quotidien », in *Le Monde diplomatique*, numéro spécial, janvier-février 2004, p. 8.

[3] CHAUVEAU, L., in Science et Vie, n°1020, septembre 2002, p. 134.

[4] « La géopolitique de l'eau », disponible sur http://fr.wikipedia.org/wiki/G%/3/A90/politiquedel'eau, du 25/02/2016, consulté à 19h45'.

pression sur les ressources peu abondantes en eau douce. Une utilisation responsable des ressources en eau prévient la contamination des eaux souterraines et aide à réduire au maximum le coût de l'épuration des eaux en assurant un environnement sain et durable.

Au lieu d'être traité comme « usager » de l'eau, l'environnement devrait être considéré comme une « réserve d'eau », qui doit recevoir la priorité avant que les ressources en eau ne soient affectées à d'autres usages. Il est donc vital de préserver la base des ressources pour assurer la sécurité de l'eau et la viabilité du point de vue écologique.

De considérations ci-dessus-développées, il ressort que l'eau a marqué une entrée remarquable sur la scène internationale comme un enjeu stratégique. Matière rare et irremplaçable, l'eau a certes été à la base de plusieurs tensions au 20e siècle.[1] Et d'après les experts, le monde se dirigerait vers des conflits pour l'eau à tous les niveaux : national, régional et international. Le siècle précédent a connu des tensions de différents degrés et notamment dans les zones qui connaissaient un déséquilibre hydraulique, comme au Nord et au Sud de l'Afrique, au Proche-Orient et en Amérique Centrale.

Cependant, on voit souvent des nations ennemies comme l'Inde et le Pakistan ou Israël et la Palestine régler leurs conflits sur l'eau même s'ils se déchirent pour d'autres raisons. Quoi qu'il en soit, l'interdépendance est telle que la nécessité d'améliorer la qualité de la coopération en cette matière s'impose.

Mais la planète aura de plus en plus soif et des besoins de plus en plus grands. Il y a consensus sur le diagnostic : toutes les études le confirment : face à une demande croissante, l'offre sera encore plus limitée, et les déficits « hydrauliques » iront croissants aussi.

Il n'est donc pas surprenant d'assister à une militarisation du vocabulaire à propos du statut de ce bien patrimonial économique et social. D'où les formules : la bataille de l'eau ou pour l'eau,

---

[1] C'est ce qu'on nomme *conflit hydrique*, entendu comme désaccord ou dispute au sujet de l'eau, désaccord pour lequel une intervention sociale, économique, juridique, politique ou militaire externe est nécessaire pour en venir à bout.

l'eau : nouvel enjeu stratégique mondial, la géopolitique de l'eau, la géostratégie de l'eau, ou encore l'hydro politique, l'hydro diplomatie, les hydro conflits.[1] Comme on peut s'en apercevoir, aujourd'hui, le contrôle de l'eau est devenu un sujet de tensions et un moyen de pression.

Par ailleurs, l'eau constitue depuis l'Antiquité un objectif, un enjeu et un outil dans le cadre des conflits politiques et militaires. L'eau comme source de conflits n'est pas une vue de l'esprit. Léonard De Vinci et Machiavel ont collaboré au détournement des eaux de l'Arno dans un conflit entre Florence et Pise au début du XVIe siècle.[2] Des chercheurs américains ont également montré que depuis le Moyen-âge, les désordres sociaux en Afrique Orientale coïncidaient avec les périodes de sécheresse. Dans les sociétés asiatiques, l'eau était un instrument de puissance politique : l'ordre social, les répressions et les crises politiques dépendaient des caprices des pluies.

Aujourd'hui encore, on signale3 plusieurs contentieux à propos de l'eau qui sont énumérés à travers le monde, notamment au Nord et au Sud de l'Afrique, au Proche-Orient, en Amérique centrale, au Canada et dans l'Ouest des Etats-Unis. Au Proche-Orient, par exemple, une dizaine de foyers de tensions existent. Ainsi, l'Egypte, entièrement tributaire du Nil pour ses ressources en eau, doit néanmoins partager celles-ci avec d'autres Etats du Bassin du Nil : notamment l'Ethiopie où le Nil bleu prend sa source et le Soudan où le fleuve serpente avant de déboucher sur le territoire égyptien. Quant à l'Irak et la Syrie, ils sont tous deux à la merci de la Turquie, où les deux fleuves qui les alimentent, le Tigre et l'Euphrate, prennent leur source.

L'eau de l'Euphrate a d'ailleurs souvent servi d'arme brandie par la Turquie contre ses deux voisins : grâce aux nombreux barrages qu'elle a érigés sur le cours supérieur du fleuve et qui lui permettent d'en réguler à sa guise le débit en aval, la Turquie possède là, en effet, un puissant moyen de pression. Au

---

[1] CLOS, Y-J., *Op.cit.*, p. 9.

[2] SIRONNEAU, J. et LASSERRE, F., *L'eau en tant qu'enjeu politique et stratégique,* L'Harmattan, Paris, 2004, p. 36.

[3] MOVA SAKANYI, H., *La géopolitique de l'eau...*, *Art.cit.*, p. 24.

demeurant, « avec l'essor démographique et l'accroissement des besoins, ces tensions pourraient se multiplier à l'avenir ».[1]

Depuis la fin de la Seconde Guerre mondiale, on a recensé plus ou moins 30 conflits politiques ou militaires internationaux liés à l'eau.

**Tableau n° 2 : Conflits d'usage dans quelques bassins.**

| | |
|---|---|
| **Moyen-Orient** | Jourdain, Tigre, Euphrate. |
| **Asie** | Indus, Mékong, Gange, Brahmapoutre |
| **Amérique** | Amazone, Colorado, Rio Grande |
| **Afrique** | Congo, Niger, Nil, Sénégal, Lac Tchad |

**Source** : Jacques SIRONNEAU et Frédéric LASSERRE, *L'eau en tant qu'enjeu politique et stratégique*, L'Harmattan, Paris, 2004.

Ce tableau présente quelques exemples de conflits d'usage dans certains bassins internationaux majeurs.

De ce qui précède, une interrogation s'impose de plus en plus : l'eau serait-elle à la base des guerres de demain ? Cette question divise plusieurs protagonistes qui se répartissent grosso modo autour de deux tendances dominantes. Il y en a qui pensent, se réfugiant dans l'histoire, que l'eau n'a été que très rarement la cause de violents conflits ; d'autres estiment que l'histoire, dans cette matière, ne nous instruit pas assez. Il faudra donc craindre qu'à l'avenir l'eau suscite des guerres.

Répondre à cette question relève d'une gageure : soit on fait fi de toute prudence nécessaire, soit on privilégie un a priori arrêté. Nous sommes d'avis avec Henri Mova Sakanyi à ce sujet lorsqu'il affirme : « il sied donc d'élaborer un élargissement conceptuel et un approfondissement des études de cas pour illuminer le chemin de l'analyse et de l'explication. Le moins qu'on puisse affirmer à l'état actuel des connaissances est qu'il serait malséant de construire des modèles déterministes formulant, de façon mathématique, les relations entre le paramètre eau et le paramètre

[1] MOVA SAKANYI, H., *Art.cit.*, p. 25.

guerre. L'eau ne porte pas directement la guerre comme la nuée porte la pluie ».[1]

Néanmoins, il y a tant de conflits sur l'eau à travers le monde qu'il est difficile de les citer tous, non seulement du fait de leur nombre, mais aussi du fait qu'ils ne sont presque jamais avoués, c'est-à-dire latents. Lorsqu'on se bat pour l'eau, pour le pétrole, pour les terres agricoles ou pour d'autres richesses naturelles, la mode est d'évoquer des raisons politiques, notamment celles relatives à la sécurité comme raisons du conflit.

## Section 2. Le droit international africain des ressources en eau douce

Le contexte africain des ressources en eau offre l'opportunité d'observer la manière dont les normes internationales sont reprises et adaptées aux spécificités régionales[2], mais permet également de constater que certaines pratiques peuvent être largement intégrées malgré les réticences qui en empêchent la consécration normative.

L'internationalisation des cours d'eau en Afrique, tout comme l'apparition des premières règles juridiques relatives à ces voies d'eau transfrontalières est avant tout une œuvre coloniale, qui connaîtra certaines mutations à partir des années 1960. Aussi, les Etats africains ont dû adapter leur coopération aux nouveaux enjeux de gestion de l'eau et, comme ailleurs, le contenu des accords multilatéraux s'est enrichi de considérations liées à la protection de l'environnement ainsi qu'au développement durable.

### §1. L'internationalisation des cours d'eau et droit international fluvial en Afrique

Nul n'est besoin de rappeler que l'eau, ressource mouvante, ne connaît pas de frontières et a fortiori, ne reconnaît pas celles des territoires étatiques sur lesquels s'exercent des souverainetés distinctes. Paradoxalement, cet état de fait

---

[1] MOVA SAKANYI, H., *La géopolitique de l'eau…*, *Art.cit.*, p. 25.

[2] PILARSKI, C., La gestion partagée des ressources en eau dans le bassin du Congo : état des lieux et perspectives, Mémoire de maîtrise en études internationales, Université de Laval, Québec 2009, p. 43.

renforce le caractère central des frontières dans la gestion partagée des cours d'eau. Ce constat est particulièrement vrai sur le continent africain et Maurice Kamto en propose l'explication suivante : « Ce problème [l'existence des frontières] n'est ni nouveau, ni propre aux voies d'eau africaines.

Il y revêt cependant une importance particulière en raison de la grande sensibilité des États à tout ce qui touche au cadre territorial de leurs souverainetés ».[1]

Pourtant, en Afrique, il existe un lien très étroit entre cours d'eau et frontière, qui se comprend à la lumière de l'expérience coloniale. En effet, le rôle joué par les grandes puissances européennes dans la constitution de ce lien est majeur et il convient donc de revenir sur l'historique de la création des entités politiques en Afrique pour mieux comprendre la dimension géopolitique du partage de l'eau aujourd'hui, illustrée par l'existence de plus de soixante étendues d'eau douce « dont les bassins sont situés dans les limites territoriales de plus d'un État ».

### 1.1. La doctrine des frontières naturelles : facteur d'internationalisation des cours d'eau

Au 19e siècle, les grandes puissances européennes recoururent à la doctrine des frontières naturelles, née au siècle précédent avec la Révolution française, pour délimiter leurs possessions respectives sur le continent africain. Cette doctrine repose sur l'idée selon laquelle « certains objets géomorphologiques, comme les chaînes de montagnes, les fleuves ou les mers, agissent comme autant de barrières qui empêcheraient les interactions entre les sociétés humaines ».[2] Ces barrières, parce qu'elles sont naturelles, sont perçues comme plus légitimes que les frontières dites « artificielles » qui ne peuvent dissimuler les rapports de force dont elles résultent. En outre, les frontières naturelles de l'Etat vont se confondre avec celles de la nation, formant ainsi des territoires « uniformes ».

---

[1] KAMTO, M., « Le droit international des ressources en eau continentales africaines », in *A.F.D.I.*, n° 36, Yaoundé, 1990, pp. 858-859.

[2] PILARSKI, C., *Op.cit.*, p. 45.

Nourries par l'idéal de l'État-nation, les puissances coloniales vont alors s'efforcer « de créer des États modernes dans un continent sous-peuplé et difficilement domptable », substituant petit à petit les frontières-zones qui caractérisaient la délimitation des empires et royaumes précoloniaux d'Afrique au profit de frontières linéaires. Alors que les premières sont par nature floues et mouvantes, les secondes ont vocation à fixer clairement et durablement les limites de l'exercice du pouvoir entre les différentes puissances coloniales. Or, les données de la géographie physique sont perçues comme immuables.

La doctrine des frontières naturelles, comme argument idéologique à la division des nations, est critiquée, dès 1882, par Ernest Renan dans son célèbre discours *Qu'est-ce qu'une Nation?*[1] Le philosophe déplore notamment son utilisation à des fins expansionnistes ainsi que l'arbitraire qui veut que certaines rivières ou montagnes constituent des frontières naturelles, quand le caractère purement national de plusieurs autres n'est même pas questionné. Toutefois, ces critiques sont rares et, encore au début du 20^e^ siècle, la distinction entre frontières naturelles et frontières artificielles est étroitement associée à celle de bonnes et mauvaises frontières.

Au-delà de l'idéal de l'Etat-nation, il existe surtout un autre avantage majeur, bien plus pragmatique, qui va pousser les colonisateurs à s'appuyer sur des objets géomorphologiques pour tracer les frontières de l'Afrique[2]: leur commodité. Montagnes, fleuves, lacs et déserts sont en effet visibles autant sur les cartes-même approximatives-réalisées par les géographes européens que sur le terrain. Et le partage de l'Afrique s'est décidé autant sur le continent que dans les métropoles.

La *Conférence de Berlin,* qui se tient à partir de 1884 et s'achève le 26 février 1885, constitue l'événement symbolique

---

[1] RENAN, E., « Qu'est-ce qu'une nation » ? Conférence tenue à la Sorbonne le 11 mars 1882.

[2] Outre les objets géomorphologiques, il convient de préciser que les colonisateurs ont également eu recours aux parallèles et méridiens, considérés comme des éléments de géographie physique.

de « la matérialisation du partage du continent par les métropoles ». Son objet principal concerne le tracé des frontières du nouvel État Indépendant du Congo, propriété privée de Léopold II, d'où découleront notamment les limites de l'Afrique équatoriale française, de l'Afrique orientale allemande et de l'Angola portugaise.

Les dispositions de l'Acte général de Berlin[1] illustrent la prépondérance des frontières dites naturelles, et particulièrement, l'utilisation des supports fluviaux ou lacustres. Ainsi, l'immense territoire attribué au roi des Belges est principalement délimité par le fleuve Congo, son affluent principal l'Oubangui et certains Grands Lacs à l'Est (Edouard, Kivu, Tanganyika, Moero). Au sud, les rivières Kwango, Kasaï et Luapula ont également servi à tracer une partie des frontières de l'Angola et de l'actuelle Zambie.[2]

Ailleurs sur le continent, on trouve d'autres exemples du recours aux cours d'eau pour le tracé des frontières. Il en va ainsi de la frontière entre la Guinée française et la Sierra Leone britannique, de celles de la Gambie ou encore des frontières du Dahomey (actuel Bénin) avec le Togo et le Nigéria. D'autres fleuves à l'inverse, vont être « nationalisés » à l'intérieur des territoires d'une même puissance. C'est le cas du Sénégal, sous administration française ou encore du Nil, qui coule sur les possessions anglaises. Au moment des indépendances, ces fleuves vont parfois délimiter de nouveaux Etats (Sénégal-Mauritanie), parfois les traverser (Egypte-Soudan). Jonathan Lautze et Mark Giordano relèvent ainsi que « Les manifestations particulières de la géographie coloniale déterminent l'internationalisation spécifique des cours d'eau d'Afrique».[3]

Face à la multiplication de nouveaux Etats sur le continent, l'Organisation de l'Unité Africaine va affirmer le

---

[1] Du 26 février 1885 tel que modifié par la Convention de Saint Germain en Laye du 10 septembre 1919.

[2] Les frontières actuelles de la RDC étant les mêmes que celles établies à Berlin à la fin de la Conférence.

[3] LAUTZE, J. et GIORDANO, M., « Transboundary Water Law in Africa : Development, Nature and Geography », in *Natural resources Journal*, n°45, 2005, p. 106.

principe d'intangibilité des frontières en 1964[1] afin de limiter les conflits territoriaux, avec le succès mitigé que l'on connaît. En conséquence, une grande partie des frontières coloniales demeure. Michel Foucher estimait ainsi, en 1991, que 87% des frontières étaient « héritées ».[2] Ainsi donc, l'influence de la doctrine des frontières naturelles au moment de la colonisation ainsi que le redécoupage du continent dans les années 1960, permet de mieux comprendre la place que prend la gestion des eaux transfrontalières dans les relations interétatiques en Afrique.

Par ailleurs, parallèlement à la détermination de leurs zones d'influence respectives, les puissances coloniales vont également importer les normes du droit fluvial de l'époque sur le continent africain, des normes qui connaîtront par la suite, une évolution similaire à celle observée à l'échelle mondiale.

### 1.2. Le droit international fluvial en Afrique : l'Acte général de Berlin

La *Conférence de Berlin* de 1885 constitue un élément majeur de l'histoire du droit fluvial africain, et plus largement, du droit international sur le continent. En effet, Tiyanjana Maluwa constate[3] :

> «Pour l'étudiant de l'histoire (et développement) de la loi internationale en Afrique, en particulier, l'Acte Général de Berlin est significatif, entre autres, à cet égard: il a représenté la première occasion par laquelle l'Européen a formulé des règles conventionnelles de la loi internationale-pour le système juridique international Euro-Centrique du temps-était transplanté dans un continent qui n'avait pas été, jusque-là, en contact

---

[1] A travers la Déclaration de la Conférence des Chefs d'Etats et de gouvernement de l'OUA, Res.16 (I), le Caire, 31 juillet 1964, in BOUTROS BOUTROS-GHALI, *L'Organisation de l'Unité Africaine*, éd. IHEI, Genève, 1971, p. 90.

[2] FOUCHER, M., *Fronts et frontières. Un tour du monde géopolitique*, éd. Fayard, Paris, 1991, p. 52.

[3] MALUWA, T., *Le droit international en Afrique postcoloniale*, éd. Martinus Nijhoff Publishers, 1999, p. 84.

assez important avec la loi international que ça sonne comme étant un sujet ou un objet participant de ce système de loi. Et c'étaient des règles indiquées dans les Articles 12-33 de l'Acte de Berlin, en ce qui concerne la liberté de navigation pour toutes les nations le long des fleuves du Congo et du Niger ».

L'intérêt des puissances coloniales pour les questions relatives à la gestion des fleuves transfrontaliers va être relayé par les Etats indépendants qui vont leur succéder. Ainsi, dès 1962, le Président du Mali va proposer à ses homologues Guinéen et Mauritanien, la tenue d'une réunion sur l'utilisation commune du bassin du Sénégal. Parallèlement, les riverains du Niger s'organisent et la première Conférence des Etats riverains a lieu en 1963.

Si plusieurs Etats vont dénoncer les accords coloniaux au moment de leur accession à l'indépendance, l'article 1 de l'Acte de Niamey[1] sur le Niger par exemple, abroge expressément *l'Acte de Berlin* et son successeur, le *Traité de Saint-Germain-en-Laye,* il n'en demeure pas moins que les principes généraux qu'ils énoncent seront repris « dans la plupart des conventions postérieures à l'indépendance ». La perpétuation des principes coloniaux peut s'expliquer en partie par le fait que « l'Acte Général de Berlin peut être perçu comme une interprétation progressive de la loi fluviale internationale comme cela existait avant 1885 ». Maluwa fait ici référence à l'extension du principe de navigation pour toutes les nations, ainsi qu'à l'introduction de la notion de *dépendance des voies d'eau.*[2]

Mais l'objet des accords conclus entre les riverains se transforme. Les usages relatifs à l'utilisation des cours d'eau connaissent un développement similaire à celui observé au niveau mondial : les progrès techniques ont, par exemple, rendu possible l'exploitation du potentiel hydroélectrique des cours d'eau. De

[1] Acte de Niamey relatif à la navigation et à la coopération économique entre les Etats du bassin du fleuve Niger, 26 octobre 1963, dans FAO, « Traités concernant l'utilisation des cours d'eau » (en ligne), http://www.fao.org/docrep/W7414B/b00.htm, 15 mars 2019.

[2] MALUWA, cité par PILARSKI, C., *Op.cit.*, p. 49.

même, les nouvelles techniques d'irrigation et de drainage vont permettre de développer la production agricole, grande consommatrice d'eau, et de conquérir ainsi de nouvelles zones cultivables. Ainsi, Lautze et Giordano constatent que l'étude des accords conclus entre 1959 et 1989 « indique des changements fondamentaux dans la nature et le contenu du traité comparés à la période coloniale ».

### §2. Le droit africain des ressources en eau après les indépendances

Dès 1966, à l'occasion de la Conférence de Lagonissi (Genève), Boutros Boutros-Ghali constate qu'« alors que l'Europe [...] et l'Amérique du Sud [...] ont préféré le procédé du traité bilatéral au procédé du traité collectif pour réglementer le droit fluvial, l'Afrique semble avoir une nette préférence pour le traité collectif»[1]. Ce multilatéralisme va non seulement perdurer avec l'extension de l'objet des accords, mais surtout, il va entraîner la multiplication des dispositions prévoyant la création d'institutions de coopération entre les riverains.

#### 2.1. Des accords multilatéraux portant sur l'exploitation des ressources en eau

Il apparaît aujourd'hui que la grande majorité des bassins internationaux en Afrique sont dotés d'un organisme de bassin. Les bassins d'Afrique de l'Ouest ont été les premiers à faire l'objet d'un tel régime : des commissions ont été créées entre 1963 et 1972 pour les bassins versants du Niger, du Tchad, de la Gambie et du Sénégal. Ainsi, « avec la création en 2006, de l'Autorité du Bassin de la Volta (ABV), tous les principaux cours d'eau transfrontaliers de l'Afrique de l'Ouest sont désormais dotés d'organisations communes ».

En revanche, depuis les années 1990, ce sont principalement les bassins d'Afrique australe qui font l'objet d'accords similaires, comme en témoignent les accords relatifs

---

[1] Allocution faite lors de la Conférence sur le droit international, Lagonisi, 3-8 avril 1966, in MALUWA, T., *Le droit international*... Op.cit., p. 86.

au Limpopo, à l'Okavango ou encore à l'Orange.[1] La signature du protocole sur les systèmes de partage des cours d'eau au sein de la Communauté de développement d'Afrique australe ou *Protocol on shared watercourses systems in the Southern African Developemnt Community (SADC)*[2], signé en 1995 et dont l'objet principal vise à promouvoir la création de commissions de bassin entre les Etats riverains[3], a probablement encouragé le développement de ces accords.

Pour ce qui a trait au contenu des accords de coopération, force est de constater que, encore au début des années 1990, les ressources en eau sont considérées en Afrique sous l'angle de l'exploitation à des fins économiques.[4] Ainsi, les différents accords multilatéraux relatifs à l'exploitation des cours d'eau vont certes intégrer relativement tôt la théorie du bassin hydrographique, adopter une approche globale et créer des institutions de coopération, mais en définitive, ces accords se préoccuperont peu de la qualité de l'eau et des intérêts écologiques. Cette affirmation rejoint l'analyse de Lautze et Giordano, qui font remarquer que les accords traitent alors principalement de «la gestion commune » et « du développement des cours d'eau ».

En 1996, Kamto justifie le peu d'inquiétudes écologiques soulevées par les ressources en eau internationales continentales par le fait « que l'industrialisation de l'Afrique [est] encore relativement faible comparée à celle de l'Europe, de l'Asie ou de l'Amérique latine », et que, en conséquence « les fleuves et lacs africains sont apparemment épargnés des alertes aux catastrophes écologiques dont sont menacés

---

[1] PNUE, Hydropolitical vulnerability and resilience along international waters Africa, Nairobi, 2005, p. 33.

[2] La SADC comptait 11membres au moment de la signature du Protocole : l'Afrique du Sud, l'Angola, le Botswana, le Lesotho, le Malawi, le Mozambique, la Namibie, le Swaziland, la Tanzanie, la Zambie et le Zimbabwe. Avec l'adhésion de l'île Maurice, de la RD Congo, des Seychelles et du Madagascar, elle compte 15 membres.

[3] Les articles 3 à 6 du Protocole traitent des institutions de gestion de bassins versants, des objectifs, du fonctionnement et du financement, repris par LAUTZE, J. et GIORDANO, M., *Transboundary water law in Africa...* « Art.cit. », p. 106.

[4] KAMTO, M., *Le droit international des ressources en eau... Art.cit.*, p. 981.

ceux d'Europe ou d'Asie par exemple ».[1] Mais l'auteur précise immédiatement que cela ne signifie pas pour autant que ces problèmes n'existent pas. Malgré la rareté des informations et des études sur la question, il rappelle notamment l'assèchement du lac Tchad, la pollution de la Kagera, du fleuve Mano, des Grands Lacs, ou encore, le développement de maladies tropicales, consécutif à la construction de barrages-réservoirs.

Toutefois, cette attitude va peu à peu se modifier, de telle sorte que les études identifient « un changement graduel de l'objectif de ''développement hydrique'' vers celui du ''développement durable''», à partir de 1990. Les organisations existantes vont alors subir des mutations et des aménagements de leurs missions et objectifs, principalement pour tenir compte des évolutions entérinées par la *Convention de New York,* de 1997, et plus largement, du souci grandissant pour la préservation de l'environnement.

**2.2. L'influence des outils internationaux sur le contenu des accords africains**

La révision du protocole sur les systèmes de partage des cours d'eau de la SADC, en 2000, illustre bien l'adaptation des outils de gestion des bassins transfrontaliers sur le continent africain. Phera Ramoeli reconnaît en effet que le processus de révision du protocole initié par les Etats membres de la SADC, «fut influencé en outre par le développement de la loi internationale sur les cours d'eau, en particulier l'adoption par les Nations-Unies de la Convention sur la Loi d'Usage de Non-navigation de cours d'eau internationaux (la Convention de l'ONU sur les Cours d'eau), en avril 1997».[2] Parmi les principes généraux, le nouveau texte inclut désormais la notion de dommage significatif. L'article 10-a) stipule : « les Etats membres doivent, dans l'utilisation d'un cours d'eau commun sur leurs territoires, prendre toutes les mesures appropriées pour prévenir les causes significatives dans les cours d'eau d'autres Etats ». En outre, des dispositions

---

[1] KAMTO, M., *Art.cit.,* p. 982.

[2] RAMOELI, Ph. cité par PILARSKI, C., *Op.cit.,* p. 53.

spécifiques sont ajoutées concernant la protection et la préservation de l'environnement.[1]

De même, une évolution similaire s'observe dans le cadre de la *Convention africaine sur la protection de la nature et des ressources naturelles ou Convention d'Alger.*[2] Cette convention, signée en 1968, a fait l'objet d'une révision, en 2003, avec l'adoption de la *Convention de Maputo, q*ui porte le même nom. « Modèle par son caractère global » au moment de son entrée en vigueur en 1969, « la première des grandes conventions modernes de conservation »[3], sera pourtant un échec flagrant, pour deux raisons majeures : le développement rapide du droit de l'environnement à partir des années 1970 qui la rendra rapidement obsolète, et l'avant-gardisme d'une convention non adaptée à son contexte.[4]

La révision de la *Convention d'Alger* a abouti à l'adoption de la *Convention de Maputo* de 2003, qui s'inspire de nombreuses sources normatives auxquelles elle a succédé.

L'illustration la plus marquante de cette intégration réside probablement dans le recours récurrent aux « principes de durabilité », dont l'épithète est attribuée au développement, à l'utilisation, à la gestion ou encore à l'exploitation des ressources. De plus, le nouvel article 7 « Eaux » (ancien article *5* de la *Convention d'Alger)* intègre le concept de gestion intégrée des ressources en eau et dispose, à l'égard des bassins transfrontaliers :

« Lorsque les ressources en eau de surface ou souterraines et les écosystèmes qui y sont liés, notamment les terres

---

[1] Protocole révisé sur les systèmes de partage des cours d'eau de la SADC, Mokouane, SADC 2000, Articles 2-4.

[2] « Convention africaine pour la conservation de la nature et des ressources naturelles », (en ligne), sur www.africa-union. org/official_documents /treaties_conventions_fr/convention_nature et%20ressources%20naturelles.pdf, 17 mars 2016.

[3] KISS, A., Droit international de l'environnement, éd. Pédone, Paris, 2000, p. 263.

[4] DOUMBE-BILLE, S., « La nouvelle convention africaine de Maputo sur la conservation de la nature et des ressources naturelles », in *Revue Juridique de l'Environnement*, n°5, août 2008, p. 6.

humides, sont transfrontières à deux ou plusieurs Parties, celles-ci se consultent et, le cas échéant, constituent des Commissions interétatiques, chargées de leur gestion rationnelle et de leur utilisation équitable, du règlement des différends afférents à l'utilisation de ces ressources et de leur mise en valeur, gestion et conservation par la coopération ».

Reste que, l'optimisme dont font preuve certains auteurs à l'égard de cette nouvelle convention ne fait pas l'unanimité, et Stéphane Doumbe-Bille constate que la *Convention de Maputo* fait de l'Afrique « un laboratoire d'expérimentation d'une nouvelle façon - une fois de plus - d'envisager la protection »[1], liée désormais au développement durable. Par ailleurs, la *Convention d'Alger* est encore le seul instrument juridique applicable dans la mesure où la convention de Maputo n'a pas encore obtenu les quinze ratifications nécessaires à son entrée en vigueur.

Quoi qu'il en soit, à l'échelle des bassins versants, plusieurs instruments ont été adoptés afin de mettre en œuvre une *gestion intégrée des ressources en eau.* Ainsi, en 1998, les Etats membres de la Commission du Bassin du Lac Tchad (CBLT) adoptent un *Plan d'action stratégique pour une gestion intégrée et concertée des ressources en eau.*[2] En 2001, un programme de partenariat environnemental est lancé dans le bassin du Niger, *l'Initiative bassin du Niger*[3], et le lancement du programme *Autorité du lac Tanganyika* en décembre 2008, vise quant à lui « la mise en œuvre des activités prioritaires de son programme d'actions stratégiques en vue de la gestion durable de l'environnement et de ses ressources ».[4]

L'adoption des principes de *gestion intégrée des ressources en eau* dans les instruments normatifs continentaux et sous

---

[1] DOUMBE-BILLE, S. *Art.cit*, p. 7.

[2] FAO, « Aquastat Tchad » (en ligne) sur www.fao.org/nr/water/aquastat/countries/tchad/indexfra.stm, 17 mars 2016.

[3] ABOUBAKAR, A., « L'initiative Bassin du Niger (IBN) : développement durable et gestion intégrée d'un grand fleuve », in *Afrique Contemporaine*, n°206, 2003, p. 179.

[4] PNUD, « Burundi 2008 » (en ligne) sur www.bi.undp.org/html/art_env3.html, 17 mars 2016.

régionaux en Afrique démontre l'engouement général pour ce paradigme de gestion. En outre, l'intégration des prescriptions internationales relatives notamment à l'utilisation équitable et raisonnable ainsi qu'à la prévention des dommages significatifs, indiquent que, au-delà des critiques faites à la *Convention de New York,* la pratique étatique semble s'accommoder de ces prescriptions et de leur articulation.

## Chapitre 4. LA DIPLOMATIE DE ROBINET

### Section 1. Nécessité d'une stratégie de coopération

Cette stratégie de coopération s'agissant de l'eau douce du bassin du Congo telle que conçue, peut se schématiser de la manière ci-dessous :

*Figure n°5 : Schéma de stratégie*

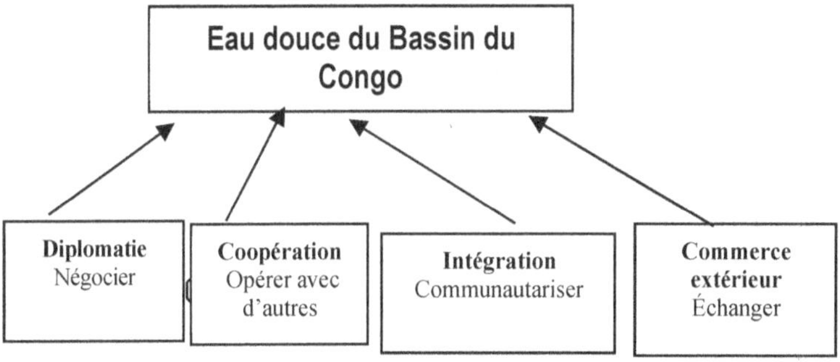


**Source :** Figure de conception propre

Dans le cadre de cette étude concernant l'eau douce du bassin du Congo, la nouvelle approche théorique proposée consiste à soutenir l'évidence qui reposerait sur la pratique communautaire d'intégration effective ouverte, cependant, aux échanges commerciaux internationaux, au-delà du simple usage de la diplomatie et de la coopération, dans laquelle la RD Congo est inscrite depuis son existence en tant qu'Etat souverain. Ce qui revient à dire que les ressources en eau douce du bassin du Congo constituent un atout de développement et par conséquent d'intégration de l'Afrique, à travers les multiples usages qu'on en fait : agriculture, irrigation, transport, communication, besoins industriels, domestiques, etc. Pour ce faire, lesdites ressources ont besoin d'une exploitation rationnelle qui nécessite leur protection, leur conservation en vue des besoins à venir.

Les organisations internationales africaines (sous régionales comme la CICOS, la CEEAC, la SADC ; régionale comme l'UA) dans lesquelles la RDC évolue comme membre à part entière, offrent le cadre institutionnel dans lequel sa stratégie est appelée à se déployer, du fait que ces institutions abordent des questions des ressources naturelles en général, particulièrement de l'eau et de la coopération en cette matière.

Ainsi, dans le préambule de l'Accord instituant la Commission Internationale du Bassin Congo-Oubangui-Sangha, on peut lire[1] :

Les Chefs d'Etat et de Gouvernement

- de la République du Cameroun,
- de la République Centrafricaine,
- de la République du Congo,
- de la République démocratique du Congo.

- Considérant l'interconnexion naturelle des voies navigables du Basin Congo-Oubangui-Sangha ;
- Convaincus de la nécessité de développer au maximum le potentiel des voies d'eau du Bassin Congo-Oubangui-Sangha ;
- Désireux de coopérer à cet effet en vue de l'établissement et de la mise en œuvre d'un régime fluvial uniforme du Bassin Congo-Oubangui-Sangha ;
- Conscients des avantages qu'une telle coopération peut apporter, notamment le développement du trafic, la sécurité de la navigation, l'aménagement et l'assouplissement des conditions d'accès aux infrastructures ;
- Constatant l'évolution du droit fluvial international dont les principes généraux ont été affirmés dans les instruments juridiques internationaux ci-après :
    - ✓ Les Actes du Congrès de Vienne de 1815 ;
    - ✓ La Convention de Barcelone du 10 mars 1921 ;
    - ✓ L'Acte de Berlin du 16 février 1885 tel que modifié par la Convention de Saint Germain en Laye du 10 septembre 1919 ;
    - ✓ La Convention des Nations-Unies du 13 mars 1997 sur le Droit relatif aux utilisations des cours d'eaux internationaux à des fins autres que la navigation ;

[1] Accord instituant un Régime Fluvial Uniforme et créant la CICOS et son Additif, Kinshasa, 2007, p. 2.

- Devant la nécessité de substituer aux anciennes règles régissant la navigation, des nouvelles règles plus positives et adaptées ;
- Considérant les objectifs de l'OUA visant à intensifier la coopération entre les Etats africains notamment les recommandations de plan d'Action et de l'Acte Final de Lagos en vue de la création d'Institutions communes et du renforcement de celles déjà existantes ;

  Décident d'instituer à cette fin, un régime fluvial uniforme du Bassin Congo-Oubangui-Sangha portant notamment création d'une Commission Internationale pour exercer les missions qui lui sont dévolues en vertu du présent Accord.

De même, dans le préambule de l'Additif à l'Accord créant la CICOS, on peut également lire[1] :

- Soucieux de renforcer la coopération entre les Etats riverains du fleuve Congo et ses affluents et les peuples de la sous-région dans l'esprit de bon voisinage présidant à leurs relations ;
- Soucieux de la réalisation des Objectifs du Millénaire pour le Développement[2], notamment ceux relatifs à l'accès à l'eau potable et à l'assainissement ;
- Déterminés à mettre fin conjointement aux pratiques de gestion de l'eau susceptibles de causer un préjudice aux Etats ;
- Conscients également de l'importance des fonctions que remplissent les ressources en eau douce aux plans économique, social et environnemental et convaincus que le fleuve Congo et ses affluents constituent une base de ressource essentielle au développement durable des pays riverains, qui doit être gérée en la considérant comme un ensemble et en tenant compte du cycle de l'eau, des besoins sectoriels et multisectoriels qui en dépendent ;

---

[1] Additif à l'Accord instituant un Régime Fluvial Uniforme et créant la CICOS, Kinshasa, 2007, pp. 2-4.

[2] Les OMD ont été remplacés par les ODD en septembre 2015.

- Considérant l'accroissement des besoins en eau ainsi que la multiplicité et la diversité des usages, fonctions et rôles de l'eau ;
- Désireux de promouvoir la gestion intégrée des ressources en eau garante d'une politique d'utilisation optimale et durable de la ressource ;
- Désireux de donner un cadre à la fois durable et évolutif à la communauté des intérêts entre les Etats riverains du fleuve Congo et ses affluents et de garantir à chaque usager du fleuve et de ses affluents un avantage raisonnable et équitable de l'utilisation des eaux, conformément aux principes régissant le droit des eaux partagées…

Le Traité instituant la Communauté Economique des Etats de l'Afrique Centrale, consacre son chapitre onze à la coopération en matière d'énergie et des ressources naturelles en ces termes[1] :
Coopération en matière d'énergie et des ressources naturelles

1. Les Etats membres conviennent :
   a) d'accroître rapidement les disponibilités en ressources énergétiques de la Communauté ;
   b) de mettre en œuvre les mécanismes d'échanges appropriés en vue de garantir leur approvisionnement régulier en hydrocarbures ;
   c) de promouvoir les énergies renouvelables dans le cadre de la politique de diversification des sources d'énergie.
2. En vue de réaliser les objectifs visés au paragraphe 1 ci-dessus, les Etats membres s'engagent à :
   a) harmoniser leurs plans nationaux de développement énergétique ;
   b) mettre en place une politique énergétique commune particulièrement en matière d'exploitation, de production et de distribution ;
   c) créer un cadre adéquat de concertation et de coordination permettant de résoudre en commun les

[1] Lire les Articles 54, 55, 56 et 57 du Traité instituant la CEEAC, Libreville, 1983, pp. 33-34.

problèmes que pose le développement énergétique de la Communauté, notamment ceux relatifs au transport de l'énergie, à l'insuffisance de cadres qualifiés, à la pénurie de moyens financiers pour la réalisation de leurs projets énergétiques ;
d) promouvoir la formation et le perfectionnement des cadres.

Les Etats membres conviennent de procéder à l'évaluation et à la mise en valeur de leurs ressources minières et hydrauliques, notamment par :
a) la recherche d'une meilleure connaissance de leurs potentialités en ressources naturelles ;
b) la réduction progressive de leur dépendance vis-à-vis des sociétés transnationales pour la mise en valeur de ces ressources, notamment par la maîtrise des techniques d'exploitation ;
c) l'amélioration des méthodes de fixation des prix et de commercialisation des matières premières.

Afin de promouvoir cette coopération, les Etats membres s'engagent à[1] :
a) harmoniser leurs politiques relatives à la prospection, la production et la transformation des ressources minières d'une part, la prospection, l'exploitation et la distribution des ressources hydrauliques d'autre part ;
b) coordonner leurs programmes de développement et d'utilisation des ressources minières et des ressources hydrauliques afin d'exploiter les similitudes et les complémentarités existant au sein de la Communauté et de promouvoir des relations interindustrielles verticales et horizontales qui peuvent être créées entre les Etats membres à la suite de la mise en valeur de ces ressources ;
c) coordonner leurs positions dans toutes les négociations internationales portant sur les matières premières afin de sauvegarder leurs intérêts ;

[1] Traité de la CEEAC, article 57, p. 35.

d) développer un système de transfert de savoir-faire et d'échange de données scientifiques, techniques et économiques entre les Etats membres ;
e) élaborer et mettre en œuvre des programmes communs de formation et de perfectionnement des cadres dans le but de développer les ressources humaines et les capacités technologiques endogènes appropriées nécessaires à l'exploration et la transformation des ressources minières et hydrauliques.

Pour la mise en œuvre des actions de coopération prévues aux articles 54 à 56, le Secrétaire général formule des propositions au Conseil tendant à élaborer une politique commune pour la mise en valeur des ressources minières et hydrauliques.

Au sein de la Communauté de développement de l'Afrique Australe, les ressources en eau jouent un rôle vital important dans le maintien de la riche diversité des écosystèmes naturels de la région ainsi que dans le développement économique et social durable de la région.

Le Protocole révisé de la SADC sur les cours d'eau partagés a été adopté par ses Etats membres en 2000, reconnaissant ainsi la nécessité d'un cadre juridique régional d'orientation de la gestion et du développement de ressources durables. Les principes et les exigences du Protocole révisé sont appliqués par le biais du Plan d'Action Stratégique Régional sur le Développement et la Mise en valeur intégrés des ressources de l'eau (2016-2020), mis en œuvre graduellement afin de refléter les besoins et les capacités de la région. La SADC en est désormais à sa 4ème phase.[1]

Le Quotient de la Coopération en ressources en eau est un baromètre mesurant l'étendue de la coopération au sein des bassins fluviaux en tenant compte, entre autres, des perspectives de guerre, de paix et de stabilité. En résumé, il peut être associé au degré de valorisation du potentiel en ressources en eau à utiliser en tant que moteur et catalyseur du développement. Le

[1] « Plan d'action stratégique régional sur le développement et la mise en valeur intégrés des ressources de l'eau 2016-2020 », phase IV (en ligne) sur http://www.sadc.int, du 12/10/2019 à 22h00.

Strategic Foresight Group (Groupe Prévisionnel Stratégique - SFG), un groupe d'évaluation international indépendant, a calculé le quotient de la coopération en ressources en eau dans 184 pays, y compris leurs 205 cours d'eau partagés. La SADC a obtenu le taux le plus élevé au niveau mondial avec une note de 100 sur 100. Les résultats du SFG en matière de perspectives de guerre, de paix et de stabilité sur les cours d'eau sont conformes aux conclusions de Jon Martin Trondalen de la Compass Foundation, dans son livre intitulé « Prévention de Conflit et Dividendes de la Paix par le biais d'une Coopération sur la Mise en valeur de l'eau Transfrontalière dans la SADC » (2011) - Conflict Prevention and Peace Dividends through Cooperation on Transboundary Water Management in SADC-2011). Malgré une telle reconnaissance de la part des sphères internationales, il existe toujours la nécessité de soutenir les efforts et les interventions de coopération qui contribueront à la réalisation des objectifs principaux de la SADC en matière d'eau.

La formulation et les objectifs du Plan d'Action Stratégique Régional visent à contribuer à la fois à la réalisation de la Vision de l'eau de la SADC et de la Vision plus globale de la SADC. L'Objectif de Développement Durable de l'ONU (Sustainable Development Goal - SDG) numéro 6 qui vise à « garantir la disponibilité et la gestion durable de l'eau et de l'assainissement pour tous », correspond bien à la Vision de l'eau de la SADC.

*Figure n°6 : Schéma de la vision et de la vision de l'eau de la SADC*

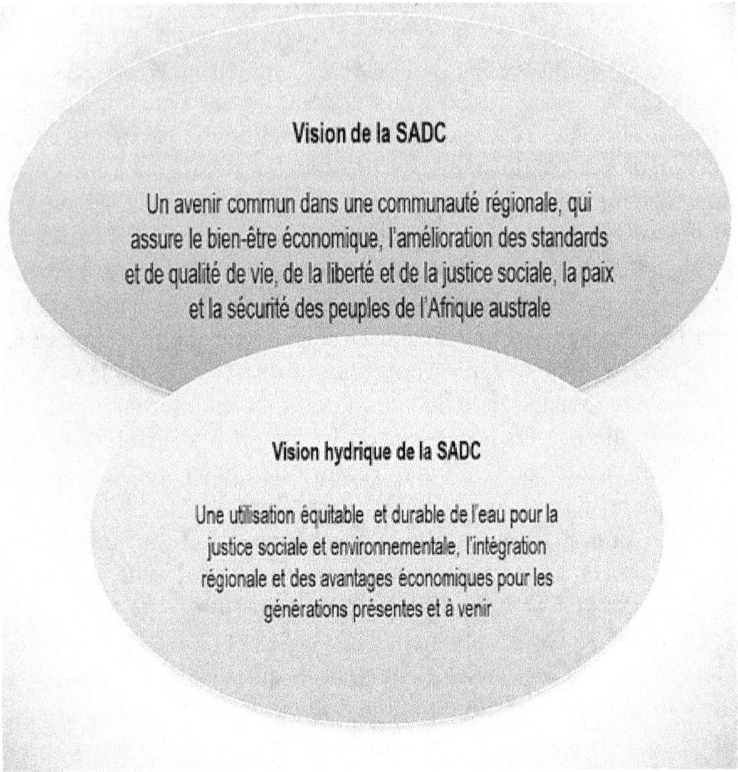


*Source : http://www.sadc.int, du 12/10/2019 à 22h00.*

Le Plan d'Action Stratégique Régional a adopté un certain nombre de programmes, parmi lesquels le programme 1 relatif aux instruments régionaux de coopération, avec comme objectif *''renforcer un environnement favorable pour la gestion et le développement coordonnés des ressources en eau de la région.''* L'un des volets de ce programme concerne l'harmonisation des politiques au sein des Etats membres.

En effet, les politiques nationales de l'eau doivent être harmonisées entre les Etats membres en utilisant la Politique de l'eau Régionale de la SADC comme référence. Une enquête menée au cours du Plan d'Action Stratégique Régional phase III a montré des réels progrès quant à l'incorporation de la Politique de l'eau Régionale, même si la mise en œuvre accusait généralement du retard dans un certain nombre d'Etats membres. Les activités comprenaient :

a) La mobilisation des ressources pour soutenir les Etats membres ayant besoin d'harmoniser leurs politiques et/ou leurs instruments de règlementation. Cela à orienter en fonction des besoins ;
b) La réalisation d'une étude, dans chaque cours d'eau partagé, des politiques nationales des Etats membres et l'établissement de leurs relations avec les Etats riverains et les Politiques de la SADC ; et
c) La mise en place d'un mécanisme ou plateforme de partage des informations et des meilleures pratiques.

Le programme 6 se rapporte à la mise en valeur des ressources en eau pour un développement durable, avec objectif ''d'améliorer le développement durable par le biais d'une mise en valeur adaptative des ressources en eau axée sur les populations et fondée sur le principe d'interventions prioritaires''. Les volets de ce programme concernent :

- **La mise en valeur des ressources en eau de surface (hydrologie)**

**Stratégies et plans de développement des bassins**

Les plans et stratégies de mise en valeur des bassins doivent être développés afin de mettre en exergue les étapes prioritaires requises pour la mise en œuvre de la gestion intégrée des ressources en eau aux niveaux des bassins fluviaux et des Etats membres. Les activités comprennent :

a) Aider les River Bassin Organisations (RBO) à élaborer des stratégies et des plans de mise en valeur des bassins fluviaux afin de contribuer au partage, à la gestion et au développement des infrastructures des ressources en eau;
b) Aider les RBO à élaborer des systèmes de gestion des informations des bassins ; et
c) Faciliter l'identification des projets prioritaires interbassins et entreprendre des études pertinentes.

- **L'exploitation des ressources et gestion des eaux souterraines**

Cette exploitation passe par :

1. **Institutionnaliser l'Institut de gestion des eaux souterraines de la SADC**

L'institut de gestion des eaux souterraines de la SADC (Ground Water Management Institute-GMI) doit devenir opérationnel afin de servir de centre d'excellence pour les eaux souterraines de la région. Les activités comprennent :

a) La mobilisation et la requête de financement pour le GMI de la SADC, notamment la conception de petits programmes de subvention pour les Etats membres ;
b) La coordination et la gestion du GMI de la SADC ;
c) L'élaboration d'un manuel de mise en œuvre du projet et un cadre de suivi et évaluation ;
d) La sensibilisation, le renforcement de la gestion des connaissances et la communication, notamment la création d'un site internet pour le projet ;
e) L'élaboration d'un programme de recherche ; et
f) Un soutien aux Groupes Focaux Nationaux (National Focal Groups - NFG).

2. **Renforcer la capacité institutionnelle pour la gestion durable des eaux souterraines dans la SADC**

Les cadres juridique, politique et règlementaire doivent être modernisés et harmonisés afin de combler les lacunes des outils institutionnels actuels de gestion des eaux souterraines aux niveaux national et transfrontalier, notamment dans les Etats océaniques. Les activités comprennent :

a) Aider les Etats membres à moderniser et harmoniser les lois, les politiques et les outils réglementaires par le biais d'une assistance technique ;
b) Elaborer des lignes directrices, normes et outils de gestion afin d'accéder et comparer les outils de gestion actualisés ;
c) Renforcer le suivi des eaux souterraines et les systèmes de gestion des données dans le but de soutenir les Etats membres ;

d) Faciliter l'intégration des eaux souterraines dans les commissions et les accords en matière de cours d'eau partagés par le biais d'une coopération transfrontalière ;
e) Organiser des initiatives de sensibilisation aux projets d'articles de l'ONU concernant les eaux souterraines au sein des Etats membres ;
f) Faciliter les consultations sur la question de savoir si incorporer les projets d'articles dans les dispositifs institutionnels régionaux et des bassins existants, et si oui, de quelle manière.

Dans l'Acte constitutif de l'Union Africaine, l'Article trois décline les objectifs de celle-ci, parmi lesquels[1] :

- réaliser une plus grande unité et solidarité entre les pays africains et entre les peuples d'Afrique ;
- accélérer l'intégration politique et socio-économique du continent ;
- favoriser la coopération internationale, en tenant dûment compte de la Charte des Nations Unies et de la Déclaration universelle des droits de l'homme ;
- promouvoir la paix, la sécurité et la stabilité sur le continent ;
- promouvoir le développement durable aux plans économique, social et culturel, ainsi que l'intégration des économies africaines ;
- promouvoir la coopération et le développement dans tous les domaines de l'activité humaine en vue de relever le niveau de vie des peuples africains.

L'Article treize, qui a trait aux attributions du Conseil exécutif de l'Union, détermine les domaines d'intérêt communs pour les Etats membres, entre autres[2] :

- Commerce extérieur ;

---

[1] Lire l'Acte Constitutif de l'Union Africaine, Lomé, 2000, pp. 5-6.
[2] *Idem*, p. 11.

- Energie, industrie et ressources minérales ;
- Alimentation, agriculture, ressources animales, élevage et forêts ;
- Ressources en eau et irrigation ;
- Protection de l'environnement, action humanitaire et réaction et secours en cas de catastrophe.

## Section 2. La RD Congo : Acteur pivot régional important

La taille du pays ainsi que sa localisation centrale au niveau de l'Afrique explique pourquoi la RDC est un acteur clé de l'intégration politique et économique africaine, même si le pays peine encore à assumer pleinement ce rôle.[1] De même, de par ses ressources hydriques immenses, le pays jouit de la possibilité d'assumer le rôle de locomotive dans la coopération régionale sur l'eau douce.

### §1. L'eau de la RDC : matière stratégique

L'on sait que l'eau influe sur les constituants matériels et humains des entités étatiques. Et l'eau douce du Congo est un produit stratégique, parce qu'elle canalise la circulation autant qu'elle est une voie essentielle de communication, tant pour le commerce que pour la défense. D'où l'importance du fleuve Congo tient à plusieurs dimensions : gestion des ressources exploitables et renouvelables en eau douce se trouvant dans son bassin, production d'électricité, dimension industrielle pour la fabrication des produits (semi-finis ou finis), etc.

Bernard Lututala Mumpasi reconnait que le bassin du fleuve Congo est géostratégique à double titre, à savoir pour son eau et pour son électricité.[2] Le caractère stratégique est déjà manifeste avec l'embouteillage de l'eau congolaise par les investisseurs étrangers. Ceci prouve en clair, que l'eau douce de la RDC constitue la plus grande richesse du patrimoine national. L'importance de l'électricité est indéniable dans toute communauté humaine, d'autant plus que ses effets ont des

---

[1] CROS, M-F et MISSER, F., *Op.cit.*, p. 10.

[2] LUTUTALA MUMPASI, B., « La géostratégie du bassin du fleuve Congo », in *Atelier de réflexion sur la gestion durable des ressources en eau du bassin versant du fleuve Congo*, Ecole de Santé Publique de l'UNIKIN, du 31 janvier au 02 février 2006, p. 16.

répercussions directes sur la vie, les activités et le rendement de l'homme, moteur du développement.

### 1.1. L'eau, source d'énergie

Le potentiel hydroélectrique du Congo est énorme et le complexe d'Inga avec un potentiel de 100.000 MW en est la preuve. Malheureusement, à ce jour, moins de 2.000MW sont exploités à travers Inga 1 et Inga 2 ; la construction imminente de Inga 3 avec un potentiel de 3.500MW essentiellement tournés vers l'Afrique australe est une source importante de revenus car l'argent ainsi récolté permettrait de financer les microcentrales hydroélectriques à travers le pays et pourquoi pas les centrales thermiques dans un pays ensoleillé. Evidemment Inga ne peut fonctionner correctement que si les turbines sont sous eau. La chute des débits peut entrainer l'arrêt des turbines.

### 1.2. L'eau et l'agriculture

Il n'y a pas une agriculture sans eau. La RD Congo, malgré sa riche hydrographie, n'organise que l'agriculture pluviale qui reste très aléatoire et soumise aux caprices des saisons. Il n'y a pas d'irrigation malgré l'énorme potentiel. En effet, l'agriculture est la 1ere consommatrice d'eau, puis vient l'industrie et enfin la consommation domestique. Ainsi sur 10 litres d'eau utilisés, 7,5 litres vont à l'agriculture, 2 litres à l'industrie et seulement 0,5 litre va aux besoins domestiques.

Le niveau de consommation d'eau est devenu un indicateur important du développement.[1]

Ainsi pour atteindre le niveau de développement actuel des autres, nous avons besoin de beaucoup d'eau. Le chemin est donc encore très long. L'agriculture irriguée fait perdre 75% des eaux par évaporation ou par évapotranspiration.

### 1.3. L'eau, transport et écotourisme nautique

La fleuve Congo et ses affluents constituent un boulevard naturel dont l'exploitation rationnelle permettrait l'évacuation

---

[1] A titre illustratif, un américain consomme en moyenne 700 litres d'eau par jour, un citoyen de l'Union européenne, 350 litres, un japonais 500 litres, un africain 50 litres et un congolais 10 à 20 litres par jour. Lire MUSIBONO EYUL'ANKI, D., *Art.cit.*, pp. 148-149.

des produits agricoles. Ce fut le cas à l'époque coloniale. Le bief navigable est très important surtout que ces cours d'eau sont à cheval à l'Equateur et reçoivent alternativement des précipitations sur toute l'année : une grande opportunité pour la navigation car l'étiage est négligeable. Le réseau hydrographique de la RD Congo est une grande opportunité pour l'écotourisme. Imaginons la création des pistes touristiques le long du Fleuve et affluents avec bungalows tous les 20 km, par exemple entre Kinshasa-Boma via Inga. Les touristes peuvent y pratiquer la pêche sportive ou effectuer le tourisme de chasse. Avec un bon marketing environnement, l'écotourisme devrait générer beaucoup d'argent pour le pays : une piste à explorer.[1]

### 1.4. L'eau et la biodiversité

La RD Congo est un pays arrosé avec un potentiel hydrique par habitant très élevé (25.000 m$^3$).[2]

Quant à la biodiversité, elle est riche dans les eaux congolaises et de nombreuses nouvelles espèces continuent à être décrites. Nous pouvons citer parmi elles :

- *Poissons* : 700 espèces dont 500 espèces endémiques (aucune espèce menacée) ; le sous bassin Tanganyika compte 240 espèces de poissons dont 216 espèces endémiques. Ce qui fait de ce lac le bastion d'un endémisme exceptionnel au monde ;
- *Oiseaux* : 6 sites endémiques d'oiseaux dont 3 sites Ramsar.

  Actuellement 10-12% de superficie de la RDC sont des aires protégées. Les zones humides représentent 9%.[3]

  Au-delà de la biodiversité aquatique, il faut ajouter le grand massif forestier qui représente 44% de la forêt africaine et le 2e massif forestier tropical mondial après l'Amazonie, ainsi que plus de 130 millions d'ha des terres arables.

  Nous pouvons affirmer en bref que le bassin du Congo est un stock important de la biodiversité animale et

---

[1] MUSIBONO EYUL'ANKI, D., *Art.cit.*, p. 149.

[2] *Idem*, pp. 146-147.

[3] Ibidem, p.148.

végétale, malheureusement encore mal connu. La dégradation des habitats peut porter atteinte à cette biodiversité. Il ne faut donc pas s'amuser avec l'eau du Congo de peur de porter atteinte à cette richesse biologique exceptionnelle.

### §2. La géopolitique congolaise de projection

Tenant compte des enjeux que représente l'eau au plan mondial, le bassin du Congo en Afrique, et face aux sollicitations et aux convoitises des acteurs concernés par l'enjeu de l'eau, cette géopolitique congolaise d'anticipation doit s'appuyer sur un Programme Commun de Cogestion des Ressources Hydriques Africaines, lequel aurait comme principaux axes :

a. la résolution durable d'éventuels conflits liés à l'eau en Afrique ;
b. l'étude scientifique de la problématique du partage de l'eau en Afrique ;
c. l'investissement et le développement innovant au sujet des ressources hydriques du bassin du Congo.

Ces axes permettraient un accès et un partage non conflictuels de l'eau du bassin du Congo dans le but d'aller vers le développement durable. Ce qui entretiendrait des vies dans des zones arides et semi-arides qui sont en situation de stress hydrique. Etant entendu qu'ayant un grand potentiel stratégique, l'eau devient une préoccupation et sa gestion concertée, une nécessité. Cette gestion intégrée devrait passer par la prise en compte de sa rareté, de la coopération régionale et internationale ainsi que par l'équité des pouvoirs publics pour les niveaux local et national.

Cette géopolitique de projection congolaise va utiliser comme canaux la diplomatie, particulièrement la diplomatie de robinet.

Du fait que les autres pays affluent vers la RD Congo, dans son rôle de « *château d'eau de l'Afrique* », elle devrait profiter de sa ressource stratégique eau douce, pour accroître son influence sur le plan régional voire international[1] ; tant il reste

[1] L'application de la diplomatie de robinet va faire en sorte que l'eau douce soit distribuée du niveau national à celui régional, vis-à-vis des pays intéressés.

vrai que la valorisation et la gestion durable des ressources naturelles peuvent constituer un levier important de réduction de la pauvreté et peser fortement pour le renforcement de la coopération régionale.[1]

Cela s'entend puisque la RDC est appelée à assumer le rôle d'acteur stratégique à travers la coopération communautaire en cette matière, pour venir au secours des Etats demandeurs. Cela éviterait au pays le risque d'assumer à moyen ou à long terme (si on n'y prend garde), le rôle néfaste actuel des ressources naturelles comme nerf des conflits internes et externes, faisant son malheur.

La diplomatie de robinet se veut une stratégie qui peut mener à un certain équilibre régional, à partir de la volonté de la RD Congo de pourvoir au besoin en eau que ressentent les autres pays, notamment de l'Afrique. Le pays doit normalement l'utiliser en ouvrant le robinet pour la communauté régionale, tout en restant disponible pour les non communautaires, dans le cadre du commerce international. Cela permet au pays de s'en servir comme instrument de persuasion en vue de bien les contrôler : Qui contrôle l'eau contrôle les autres. Et la RDC va posséder par-là, un puissant moyen de pression. Car la détention du pactole d'eau du fleuve et de ses affluents avec comme corollaire, la possession d'un potentiel hydroélectrique considérable, fait de la RDC un pays convoité du Nord au Sud du continent. Elle fait l'objet des sollicitations pour qu'elle vende une partie des flux torrentiels de son majestueux fleuve à la Lybie et qu'elle approvisionne le lac Tchad en vue de le revitaliser à nouveau après la menace d'assèchement[2] qui le frappe. Ce qui

---

Cela permettrait de placer le pays en position de leader, ce qui devrait entrainer le renforcement de la coopération régionale à même de profiter aussi bien à l'image de la RDC sur la scène internationale africaine qu'aux pays consommateurs.

[1] WACKERMANN, G., *Géographie des conflits non armés*, éd. Ellipses, Paris, 2011, p. 130.

[2] L'analyse du phénomène de dégradation du régime hydrique du lac Tchad permet d'identifier six causes principales : - L'avancée du désert ; - La chute de la pluviométrie (entre 15 et 20%) ; - L'irrigation (ayant quadruplé entre 1983 et 1994) ; - L'érection de deux barrages sur le Komadougou et le Yobé au Nigéria, la digue de Maga au Nord Cameroun ; - Le déboisement ; - La croissance démographique ( avec une population globale d'environ 185

pose la question du commerce de l'eau dont on sait que c'est la logique libérale qui a conduit à en promouvoir la marchandisation.[1]

C'est possible avec la géopolitique de projection, sorte d'hydro diplomatie préventive, qui permettrait l'accès à l'eau du bassin fluvial du Congo à la majorité de la population africaine et autres demandeurs, conformément aux Objectifs du Développement Durable de l'ONU, fixés en 2015 (notamment les objectifs 1, 3, 6, 13, 14 et 15). Cette attitude contribuerait à réduire les tensions susceptibles de naître autour de cette ressource vitale.

Sous un autre angle, la RD Congo peut profiter de sa ressource stratégique (eau douce), pour accroître son influence sur le plan régional voire international.

Mais aussi la diplomatie de l'eau, mise en œuvre à travers les institutions de coopération de bassins hydrologiques, doit amener la RDC à comprendre que l'eau dont elle est abondamment pourvue ne lui appartient pas à elle seule, et qu'elle sera au service de tous, tant que les autres Etats en auront besoin. Cette logique permet d'éviter au pays des menaces de « guerres de l'eau » dont les feuilletons seraient en train de se dessiner plus de l'extérieur.[2]

Objet de convoitise de tout le continent et d'autres Etats en dehors de l'Afrique, les eaux du bassin du Congo demeurent au centre des débats.

## Section 3. Cadre juridique et politique de l'eau en RD Congo

### 3.1. Cadre juridique de l'eau

La République démocratique du Congo dispose d'un arsenal juridique peu nourri dans le domaine de l'eau. En dehors de la Constitution du 18 février 2006, il existe une loi qui règlemente

---

millions de personnes, dont plus de 30 millions de riverains directs du lac). A cela, on ajoute la mauvaise utilisation de l'eau du lac et de son environnement. Lire MUTINGA MUTUISHAYI, M., *Op.cit.*, pp. 123-124.

[1] « Géopolitique de l'eau », disponible sur http://fr.wikipedia.org/wiki/Geopolotique-de l'eau, du 25/02/2019, 7h30'.

[2] NGOIE TSHIBAMBE, G., *Art.cit.*, p. 103.

ce secteur. Aux termes des articles 5, 12 et 13 de la loi relative à l'eau[1], « l'Etat garantit à tout congolais l'accès juste et équitable aux ressources en eau et aux espèces aquatiques ; le gouvernement définit la politique de la nation en matière de gestion rationnelle et durable des ressources en eau. Il élabore les instruments de gestion au niveau national, notamment le plan d'action et les schémas directeurs d'aménagement et de gestion par bassin hydrographique ». Ces dispositions consacrent le plein pouvoir à l'Etat congolais dans la fourniture de l'eau comme aliment fondamental de toute la population sans aucune distinction. Raison pour laquelle, l'Etat se sert de ressources en eau comme de toutes autres potentialités et y exerce une souveraineté permanente.[2]

Sans préjudice des exigences essentielles liées à la protection de l'environnement, le gouvernement établit l'ordre de priorité auquel obéissent les différentes utilisations ainsi que les normes et conditions de mise en œuvre de celles-ci. Toutefois, l'alimentation en eau potable est prioritaire à tout autre usage.

Un arrêté du ministre ayant la gestion des ressources en eau dans ses attributions en détermine les modalités.

---

[1] « Loi n°15/026 du 31 décembre 2015 relative à l'eau », in *Journal Officiel de la République Démocratique du Congo*, Numéro Spécial, Kinshasa, 13 Janvier 2016, p. 10.

[2] *Idem, article 4, p. 9. Il y a lieu de signaler que les innovations importantes apportées dans le cadre de cette loi sont, notamment :*

- L'accent mis sur les usages prioritaires de l'eau et la prise en compte de l'option levée par le gouvernement de développer davantage les secteurs porteurs de croissance;
- La couverture des besoins en eau de toutes les *catégories de consommateurs;*
- La création de cadre fixant les règles tarifaires *claires selon les principes de vérité de prix, d'égalité, d'équité et de non-transférabilité des charges;*
- L'instauration d'un mécanisme de règlement des différends dans l'érection de certains faits en infractions pénales spéciales et leur répression conséquente en vue d'une application efficace de la loi;
- La protection des consommateurs en ce qui *concerne la potabilité de l'eau;*
- L'obligation de protection de l'environnement pour *tous les projets du développement du secteur.*

Le gouvernement, le gouvernement provincial ainsi que les collèges exécutifs urbain, communal, de secteur et de chefferie prennent, chacun dans les limites de ses compétences et attributions, les mesures destinées à l'inventaire de toutes les ressources en eau, à leur conversation, y compris, les zones humides, les zones côtières et les bassins et sous-bassins versants, ainsi qu'à leur protection, à la prévention et au contrôle de la pollution.

Ils adoptent et mettent en œuvre les politiques, schémas directeurs et programmes appropriés en vue notamment de[1] :

a) Couvrir les besoins en eau de la population ;
b) Satisfaire ou concilier les exigences de l'agriculture, de l'élevage, de la pêche et de l'aquaculture, de l'extraction des substances minérales, de l'industrie, de la production d'énergie, des transports, du tourisme, des loisirs ainsi que de toute autre activité humaine légalement exercée;
c) Préserver la quantité et la qualité des eaux;
d) Protéger les écosystèmes aquatiques ;
e) Faire face aux nécessités de la santé, de la salubrité publique, de la sécurité civile et aux problèmes posés par le changement climatique;
f) Veiller à la participation de tous les acteurs concernés, notamment les communautés locales, les usagers, la société civile et le secteur privé.

Pour assurer et équilibrer la gestion de l'eau, le ministère congolais de l'Energie et Ressources Hydrauliques qui gère ce secteur, applique la politique du gouvernement en la matière. Aux termes de l'article 11 de ladite loi, la gestion de ressources en eau dont question concerne les eaux continentales, maritimes et transfrontalières. Et le fleuve Congo, une des composantes du bassin du Congo, a un caractère transfrontalier et peut être classé dans la catégorie des grands fleuves internationaux.

[1] Article 13 de la même loi congolaise relative à l'eau, p. 11.

### 3.2. Politique de l'eau

L'eau est un facteur de développement économique quand elle est utilisée avec efficience et efficacité. L'efficience fait référence à une utilisation rationnelle de l'eau qui aboutit à une réduction des pertes et des gaspillages dans les opérations de prélèvement, de transport, de distribution et de consommation. L'efficacité renvoie à une utilisation de l'eau qui aboutit à une production de biens d'un volume plus important avec une consommation d'eau d'un volume constant ou moindre.

L'eau constitue également un instrument approprié pour la promotion des échanges commerciaux, des relations de bon voisinage et de la solidarité au plan régional. Une politique spécifique favorisant la coexistence pacifique avec les pays partageant des cours d'eau avec la RDC devrait être définie et intégrée dans la politique extérieure du pays.

En outre, l'eau a une importance cruciale tant du point de vue social, économique qu'environnemental ; elle est l'épicentre du développement durable. A ce titre, elle doit faire l'objet d'une politique spécifique quant à sa gestion. Cette politique devrait normalement passer par la mise en place des structures particulières dédiées à la gestion de la ressource.

Néanmoins, le constat est que la République démocratique du Congo ne dispose pas d'une politique nationale cohérente en cette matière. Il en découle que bien qu'ayant l'eau, le pays ne dispose pas d'Instituts chargés de l'eau (services techniques) à l'instar d'autres Etats, n'a pas non plus d'usines de traitement d'eau pour avoir une eau potable, lorsqu'on sait que l'eau provenant de rivières comporte beaucoup de risques de contamination.

La politique d'approvisionnement en eau est très faible en milieu urbain, et presqu'inexistante en milieu rural. Ici, la carence systématique d'eau est souvent liée à la mauvaise politique du gouvernement dans ce secteur.

### 3.3. Vente et transfèrement de l'eau

L'idée de la vente et du transfèrement d'eau douce de la République démocratique du Congo vaut la chandelle, soutient

Kasongo Numbi Kashemukunda[1], car la vente de l'eau est une option déjà prise par les institutions de Bretton Woods et par tous ceux qui dirigent économiquement ce monde.

L'idée déjà répandue et convenue dans le monde qui décide de faire de l'eau un produit marchand coté en bourse au même titre que le pétrole, fait son chemin. C'est ce que certains milieux appellent ironiquement « la pétrolisation de l'eau ». Cette idée fut énoncée par Ismaël Serageldin, Vice-président de la Banque Mondiale à l'époque, en ces termes : « We must get away from the notion that water is a free good »[2], en français : « Nous devons nous débarrasser de l'idée selon laquelle l'eau est un bien gratuit ».

Convaincu du bienfait de la privatisation, ou du moins de la vente de l'eau à son prix marchand, Kasongo Numbi K. reprend ci-dessous, les arguments des défenseurs de la marchandisation de l'eau, en citant, entre autres, la position de Ricardo Petrella[3] :

- La meilleure façon de combattre le gaspillage de l'eau est de la vendre à son prix marchand. En effet, le gaspillage viendrait du fait que l'eau est donnée gratuitement ou est vendue à très bas prix. Ainsi, les consommateurs considèrent qu'elle est sans valeur et la gaspillent. Si tous les usagers payaient l'eau à sa vraie valeur, ils ne la gaspilleraient pas, permettant ainsi à ceux qui en souffrent de pénurie d'en disposer aussi ;
- La demande en eau croît sans cesse alors que son offre diminue. Ce qui crée les guerres et les conflits de l'eau. La transformation de l'eau en produit monnayable sur des marchés internationaux, serait le meilleur moyen de prévenir les conflits de l'eau. Dans un tel contexte, l'eau, bien économique, deviendrait facteur de paix et de développement. Prenons le cas du bassin du lac Tchad par exemple où l'étendue du lac est passée de 25.000km$^2$ à 2.500km$^2$ seulement en l'espace de trois décennies. Pourtant, à côté de ce bassin, il existe le bassin du fleuve

[1] KASONGO NUMBI K., *Op.cit.*, p. 95.
[2] *Idem*, pp. 95-96.
[3] PETRELLA, R., *Le manifeste de l'eau. Pour un contrat mondial*, éd. Labor, Paris, 1998, cité par KASONGO NUMBI K., *Op.cit.*, pp. 96-97.

Congo qui, traversé par l'équateur, déverse chaque seconde, dans l'Océan Atlantique, plus de quarante mille mètres cubes d'eau douce[1], riche en limon fertilisant ;
- Le marché réglementé conduirait à une distribution et à une utilisation efficace de l'eau en donnant aux individus et aux pays de plus grandes opportunités et capacités de développer, transférer et utiliser l'eau d'une manière bénéfique pour tout le monde ;
- Le privé, dit-on, est symbole d'efficacité, d'efficience, de rentabilité, de flexibilité, d'équité, alors que l'Etat (central ou local) serait synonyme de bureaucratisation, d'inefficacité, de rigidité, de lenteur, de corporatisme.

Kasongo Numbi Kashemukunda soutient ainsi la privatisation de l'eau pour des raisons de rentabilité à travers des grands investisseurs dans le domaine de l'eau : Suez/Lyonnaise des Eaux, Vivendi, Saur-Bouygues, Nestlé, Bechlet, United Utilities, Danone, etc.[2] Il pense en même temps que le transfert de l'eau des zones d'abondance vers les zones de carence serait facteur de paix. Pour éviter la guerre de l'eau, il sied donc selon lui, de partager équitablement cette denrée qui se raréfie. Ainsi, le transfert du bassin du Congo (à partir de la RDC) où l'eau surabonde vers le bassin du lac Tchad qui s'assèche atténuerait les risques de tensions. Il ajoute que le refus de transférer l'eau du bassin du fleuve Congo vers le lac Tchad ou vers un autre en besoin, conduira très probablement à une guerre de l'eau, car les pays partageant de l'eau en diminution sont déjà en conflit latent ou patent ; si la diminution de faibles réserves d'eau dont ils dépendent persiste, ils transformeront ces conflits, un jour, en guerres ouvertes.[3]

---

[1] CEEAC, « Document de base pour le développement de la Gestion Intégrée des Ressources en Eau en Afrique Centrale » in Réunion des Ministres en charge de la Gestion des Ressources en Eau des pays membres, Libreville, mai 2006, pp. 56-57.

[2] Sont là quelques-unes de firmes mondiales (les géants de l'eau), pour lesquelles l'eau est aujourd'hui synonyme de grosses affaires ; sa rareté et la demande qui en résulte représentent pour elles des marchés illimités.

[3] KASONGO NUMBI, K., *Op. cit.*, pp. 98-100.

Ce risque est également perçu par Modeste Mutinga Mutuishayi lorsqu'il écrit : (...) pour le cas du transfert de l'eau vers le lac Tchad, si la solution au tarissement de ce lac n'est pas trouvée par la voie politico-diplomatique, une vision réaliste nous fait voir dans les jours à venir, une guerre de l'eau entre la RDC et les pays membres de la Commission du Bassin du Lac Tchad.[1]

Parmi les faits qui corroborent cet argument, l'auteur évoque :

- La formation par les Etats membres de la CBLT d'une structure dénommée « Force multinationale », composée de trois mille hommes, chargée de veiller à la sécurité du lac afin que rien de fâcheux ne lui arrive ;
- Les propos du Président tchadien Idriss Deby qui, au cours d'une conférence de presse devant la presse internationale en marge du 6è sommet mondial de l'eau tenu à Marseille en France, disait : « les pays du Bassin du Congo doivent comprendre qu'ils n'auront pas de paix si le lac Tchad venait à sécher ».

Le transfert d'eau d'un bassin humide à un bassin très sec est donc facteur de paix qu'il faudrait encourager. Le fleuve Congo déverse 50.000 $m^3$ d'eau douce par seconde en moyenne dans l'Océan Atlantique, le pays gagnerait à vendre cette eau qui se jette dans l'Océan à un prix d'or qui renflouerait ses budgets publics.[2] Ce n'est pas parce que l'eau est la vie qu'elle ne doit pas avoir un prix[3] ; la bataille de la gratuité étant déjà perdue.

L'on sait que l'eau douce brute coûte 0,5 USD le mètre cube. Selon certaines considérations économiques élémentaires, si la RDC venait à vendre 3.000 $m^3$ /seconde (quantité sollicitée pour le lac Tchad), cela lui rapporterait une somme de 1.500 USD par seconde ; soit 47, 3 milliards des dollars américains par an.[4] Donc

---

[1] MUTINGA MUTUISHAYI, M., « La guerre de l'eau à la porte de la République Démocratique du Congo », in *Journal Le Potentiel*, n°62, du 9 septembre 2014, p. 4.

[2] KASONGO NUMBI K., *Op.cit.*, p. 100.

[3] « Main basse sur l'eau : la bataille de l'or bleu » (en ligne), sur http://www.latribune.fr du 26/12/2019, 9 h35'.

[4] MUTINGA MUTUISHAYI, M., *Op.cit.*, p. 155.

investir dans l'eau peut permettre de gagner par la suite, si cela se fait de façon rationnelle.

Le point de vue de Kasongo Numbi Kashemukunda est partagé par Bertin Bagula Chibanvunya qui affirme que le transfert de quantités importantes d'eau du bassin du Congo vers les pays du Sud ou du Nord du continent, est possible et constitue un outil de développement durable et de paix.[1]

En effet, il existe des barges très grandes, les « Very large Barge » (VLB) pouvant transporter par voyage de très grandes quantités d'eau de nos cours d'eau. Ainsi l'eau douce plus légère du fleuve Congo, puisée à l'embouchure, peut être transférée jusqu'aux pays désertiques du Nord et du Sud ou aux pays voulant profiter des eaux de la RDC, et rapporter de l'argent à la caisse de l'Etat congolais. Comme par exemple l'accord signé entre la République démocratique du Congo et la République Sud-Africaine sur la réhabilitation d'Inga IV, dans le but de permettre d'ouvrir les robinets d'eau en provenance de la RD Congo.

Lorsque nous parlons, poursuit l'auteur, de la possibilité d'exportation de notre eau de surface par pipeline ou par bateau VLB, nous parlons sérieusement car le transport de l'eau sur de grandes distances se fait déjà dans le monde.

En Arabie Saoudite, l'eau dessalée se transporte déjà sur plusieurs milliers de kilomètres dans de gros tuyaux. L'œuvre la plus gigantesque au monde en la matière est le tunnel qui conduit, en Turquie, l'eau du barrage Atatürk, près de la ville de Sanli-Urfa sur l'Euphrate. Ce barrage fut achevé en 1990. L'eau de son réservoir est transportée jusqu'à la plaine de Harran au Sud de la Turquie par le tunnel de Sanli-Urfa dont le diamètre bat tous les records : 7, 2 mètres.

D'autres projets de transport de l'eau à grande distance par de gros pipelines sont en étude au Moyen-Orient et partout où l'eau manque dans le monde. Kasongo Numbi K. cite à titre d'exemple le projet conçu en Turquie par le Président Tugut Ozal et dont il

[1] BAGULA CHIBANVUNYA, B., « Principes de transfert de ressources en eau douce du bassin du Congo vers les pays à stress hydrique», in *1^er^ Colloque International sur la problématique de l'eau en RDC*, Kinshasa, 8-12 mai 2007, p. 59.

a parlé lors d'un de ses voyages aux Etats-Unis d'Amérique. Il l'appelait « pipeline de la paix ».

En Afrique, le transfert de l'eau du fleuve Congo, depuis la rivière Oubangui vers le lac Tchad, est possible par le projet Transaqua. Ce projet prévoit de prélever plus ou moins 3.200$m^3$/seconde, soit un volume annuel estimé à 100 milliards de mètres cubes d'eau.[1] Donc, l'exportation de l'eau du fleuve Congo ou de ses affluents dans des conduites est faisable, du fait qu'il y a des investisseurs dans ce domaine qui se présentent.

C'est dans ce sens que quelques sociétés américaines avaient à l'époque, saisi le Ministre congolais de l'environnement, Monsieur Bishikwabo, lui demandant de construire au pays des pipelines sur l'Oubangui, afin d'exporter l'eau de la Rivière vers les pays désertiques du Nord et sur le fleuve Congo pour exporter, à partir du Bas-Congo, l'eau du fleuve vers les pays désertiques du Sud. Leur projet s'appelait « Okapi » et son coût était estimé dans un avant-projet à 5 milliards de dollars américains.

Ces sociétés américaines avaient contacté également le gouvernement de la République Centrafricaine au cas où la République démocratique du Congo refusait leur offre. Après tout, la rivière appartient aux deux pays. Si nous n'élaborons pas une politique flexible en la matière, les pays avec lesquels nous partageons le fleuve et nos cours d'eau pourront en toute souveraineté appeler des investisseurs pour exploiter l'eau à partir de leurs rives. Ils se feront ainsi de l'argent sur notre dos. Ce serait dommage étant donné que l'idée a été émise en premier lieu par nos chercheurs, souligne l'auteur.

Pour éviter cela, nous pensons que la République Démocratique du Congo doit encourager et développer une politique d'ouverture plutôt que d'être trop conservatrice. Ricardo Pettrella, avisée, s'exclame en prévenant : n'a-t-on pas constaté que la privation du pétrole a été et reste une erreur

---

[1] TSHIBWABWA, S., « Transfert de l'eau du fleuve Congo au lac Tchad : Nouvelles observations pertinentes », in *Journal Le Phare*, du 8 Juin 2014, p.2.

historique fondamentale ![1] On ne peut donc pas répéter une telle faute en ce qui concerne l'eau du bassin du fleuve Congo.

Malgré la réticence ou l'apathie de certains responsables congolais, l'idée d'exporter l'eau du fleuve Congo vers les pays arides d'Afrique qui en ont besoin, est bien présente et continue de faire l'objet de discussions (comme c'est fut le cas au Sommet France-Afrique de Bamako en décembre 2005), et dans la mesure où la diplomatie congolaise enregistre encore des demandes en ce qui concerne son eau douce.

Néanmoins, la plupart de ceux qui combattent cette idée de transférer l'eau d'un bassin hydrologique à un autre sont des sociologues, des économistes, des politologues, voire des scientifiques, qui ont en commun une idéologie politique, sans se préoccuper des questions de réserves d'eau, très inégalement réparties sur notre planète.

Certains s'insurgent contre le projet de transférer l'eau d'un pays qui en a vers un autre qui en manque, au motif que certaines personnes feraient un profit grâce à ce transfert. Or, l'eau est un produit dont personne ne peut se passer [...] La solution serait d'amener l'eau là où elle manque en la prenant là où elle abonde ou surabonde.[2] La marge du profit est à traiter au second plan.

D'autres parlent plutôt des conséquences multiples du projet visant à exporter l'eau du fleuve Congo vers le lac Tchad, ou d'en fournir aux autres pays. Parmi eux, nous citons entre autres :

Dieudonné Musibono Eyul'Anki pour qui, si la RD Congo tient à exporter l'eau, il faudra qu'elle commence par [3] :

- Evaluer ses besoins en eau pour les 100 ans à venir en tenant compte de son développement démographique et humain ;
- Etudier les impacts d'une telle opération sur l'intégrité des habitats fragiles et sur la biodiversité y inféodée ;
- Analyser les fluctuations des débits de peur de bloquer Inga ;

---

[1] PETTRELA, R., cité par RAINES, D., *Obsession de l'eau : sécheresse, inondation, gérer les extrêmes*, éd. Autrement, Paris, 2003, p. 186.

[2] KASONGO NUMBI K., *Op.cit.*, pp. 97-98.

[3] MUSIBONO EYUL'ANKI, D., *Art.cit.*, p. 150.

- Analyser les risques d'intrusion des eaux marines dans le fleuve, et enfin
- Etudier l'impact des prélèvements sur la navigation, l'irrigation, etc.

Il est donc prématuré, conclut-il, d'exporter de l'eau brute quand on ignore ses propres besoins. Aujourd'hui nous sommes à 10-20 litres par personne par jour, pendant qu'ailleurs c'est le triple voire plus par jour, pouvons-nous nous permettre de brader la ressource hydrique ? Cela serait très irresponsable de la part de la RD Congo. Commençons par satisfaire tous nos besoins de développement agricole, industriel, écologique, énergétique et domestique avant de penser à exporter l'eau brute sans valeur ajoutée : une pratique de cueillette qui n'apportera jamais le développement durable tant recherché.[1]

André Takoy Lomema, exprimant sa crainte, prévient : si de grandes quantités d'eau venaient à être prélevées et amenées ailleurs, ceci perturberait le bon fonctionnement de différents écosystèmes. Ce qui se traduirait par :

- La perturbation de différents cycles biochimiques (cycle de Carbone, de l'Oxygène, de l'Azote, de Phosphore, de Souffre…) ;
- Le déséquilibre des liens entre différentes communautés d'êtres vivants ;
- La perturbation du climat ;
- Le handicap éventuel de la navigation ;
- La diminution de la capacité de production des centrales hydroélectriques que la RDC dispose sur son majestueux fleuve.[2]

Pour apaiser les craintes de ses compatriotes, Modeste Mutinga fait la démonstration suivante : « rien que par le jeu des saisons, le fleuve Congo perd annuellement de lui-même 25.000 $m^3$ par seconde ; cette perte naturelle d'eau a lieu entre décembre

---

[1] MUSIBONO EYUL'ANKI, D., *Art.cit.*, p. 150.

[2] TAKOY LOMEMA, A., « Les ressources hydriques de la RDC », in *Actes du premier colloque international sur la problématique de l'eau en RDC*, éd. PUK, Kinshasa, du 08 au 11 Mai 2007, p. 56.

et août de l'année suivante. Si elle ne pose pas de problème pourquoi il y a des gens qui pensent qu'un prélèvement pour transfèrement d'eau de 3.000 $m^3$, soit 8 fois moins que la perte naturelle, causerait des problèmes insolubles »[1] ? Et de poursuivre : la méfiance de l'opinion publique qu'on observe envers cette question de transfert d'eau, est surtout exacerbée par certaines personnes de l'élite qui effraient la population en évoquant des conséquences fort négatives pour le pays. Alors que le problème se pose non en termes absolus de suffisance d'eau dans le bassin du fleuve Congo, mais en termes de lieu de la prise, de la période de l'année où effectuer le prélèvement et de la quantité à transférer. Des endroits existent, selon les saisons de l'année où la quantité demandée est insignifiante mais aussi ceux où elle est excessivement grande.[2]

Cela étant, d'aucuns n'ignorent, qu'outre un sol aux richesses variées, la République Démocratique du Congo regorge des ressources colossales en matière d'eau douce[3], se présentant, ipso facto, en Afrique comme la première réserve d'eau, donc parmi les pays les mieux arrosés, charriant 30% d'eau de tout le continent, au point d'en être baptisée de Château d'eau d'Afrique.[4]

On le voit, la RD Congo a donc tous les atouts hydriques pour être une puissance africaine. Les plans d'eaux occupent environ 3,5% de la superficie du territoire national. Le territoire congolais dispose en plus des nappes phréatiques facilement exploitables que l'on trouve dans les alluvions et les formations gréseuses et calcaires de 42 kilomètres de littoral sur l'Océan Atlantique.[5]

Retenons à l'essentiel que l'importance de l'eau douce à l'échelle tant régionale que planétaire n'est plus à démontrer. Ressource vitale et très sollicitée, aucun pays ne peut s'en passer. Néanmoins, l'eau douce étant inégalement répartie sur la planète,

---

[1] MUTINGA MUTUISHAYI, M., *Op.cit.*, p. 150.

[2] *Idem*, pp. 150 et 152.

[3] TAMBWE, E., *Art.cit.*, p. 14.

[4] CROSM, M-F et MISSER, F., *Op.cit.*, p. 15.

[5] MOVA SAKANYI, H., L'Ordre de Yalta à l'épreuve de la perestroïka et de la mondialisation, Thèse de doctorat en Relations Internationales, Université de Kinshasa, 2008, pp. 981-982.

conduit à opposer, selon Philippe Hugon[1], deux catégories d'Etats ou de zones : d'un côté ceux qui ont l'eau et de l'autre ceux qui souffrent de pénurie mais qui veulent en avoir.

Cette réalité fait que chaque Etat cherche les voies et moyens pour satisfaire ses besoins hydriques, soit par le moyen belliqueux soit par le moyen pacifique. C'est ce dernier moyen qui nous intéresse, justement parce qu'il doit favoriser en Afrique la coopération permettant de partager l'eau douce, aux fins de rétablir tant soit peu, l'équilibre au niveau régional, étant entendu que la diplomatie et la coopération aident les Etats à prendre conscience de leur interdépendance et les rendent plus responsables et plus solidaires.[2]

La loi congolaise relative à l'eau précitée, stipule, concernant les eaux transfrontalières, ce qui suit[3] :

L'Etat conclut avec les Etats riverains des cours d'eau et des transfrontaliers des accords bilatéraux ou multilatéraux ou autres arrangements afin de définir les relations mutuelles en matière d'utilisation, de mise en valeur et de protection des ressources en eau et des écosystèmes aquatiques de manière équitable.

Cette coopération vise en particulier:

a) L'échange d'informations et de données ;
b) La gestion intégrée et durable des eaux transfrontalières ;
c) La mise en œuvre de programmes et projets conjoints et de structures bi ou multilatérales de gestion des eaux partagées;
d) Le renforcement de capacités ;
e) La coordination des actions visant à servir les objectifs et les intérêts communs dans les fora régionaux et internationaux relatifs à la gestion et la protection des ressources en eau.

---

[1] HUGON, Ph., *Géopolitique de l'Afrique*, éd. Sedes, Paris, 2007, p. 157.

[2] BAGULA CHIBANVUNYA, B., « Principes de transfert de ressources en eau douce du bassin du Congo vers les pays à stress hydrique », in *1er Colloque international sur la problématique de l'eau,* Kinshasa, du 08-12 mai 2007, p.59.

[3] Article 57, pp. 22-23.

Ce qui revient à dire que les interdépendances des Etats sur la question d'accès à l'eau devraient normalement les conduire à plus de coopération que de compétition. Marie-Claude Smouts et ses co-auteurs pensent même que l'interdépendance devient un mot d'ordre destiné à faire appel à la solidarité en gommant des divergences nées des inégalités et des intérêts antagonistes.[1] C'est pour cela que la notion d'hydro-solidarité tombe à point nommé pour montrer, ce faisant, que l'eau douce de la RDC est un facteur susceptible de procurer la paix voire de renforcer les liens de convivialité entre les Etats africains et leurs peuples, et pourquoi pas entre les générations.

Dans le même ordre d'idées, Radio France Internationale diffusait : « ce qui fait la force de l'eau c'est la logique de coopération et de partage qui caractérise la ressource de plus en plus rare.[2]

Par ailleurs, comme dans les pays du Moyen-Orient, l'eau douce du bassin du Congo peut être une source de négociation pour la paix, le développement durable et l'intégration de l'Afrique.

C'est pour cette raison que les chefs d'Etat du Cameroun, du Congo, de la Centrafrique et de la République Démocratique du Congo ont créé en 1999 la Commission Internationale du bassin Congo-Oubangui-Sangha (CICOS) afin de redynamiser le secteur des transports par voie d'eau intérieure, crucial pour le désenclavement régional. Cette mission a été élargie à la gestion intégrée des ressources en eau en 2007.[3]

La même loi congolaise relative à l'eau sus évoquée, a prévu les modalités de transfèrement des eaux en ces termes[4] :

Tout transfert des eaux de surface ou souterraines dans les limites du territoire national ou en dehors de celui-ci est assujetti à une étude d'impact environnemental et social préalable, assortie de son plan de gestion dûment approuvé.

---

[1] SMOUTS, M-C. et alii, *Dictionnaire des relations internationales,* éd. Dalloz, Paris, 2003, p. 278.

[2] RFI : L'émission géopolitique-Le débat, présentée par Marie-France CHATIN en date du 6 novembre 2019 à 19h00'.

[3] CICOS/GTZ, *Plan d'action stratégique pour la promotion de la navigation dans le bassin Congo-Oubangui-Sangha*, Kinshasa, 2007, p. 35.

[4] Les articles 51, 52 et 53, p. 21.

Dans les limites du territoire national, le transfert des eaux est intégré dans le schéma directeur de l'ensemble hydrographique ou dans les schémas directeurs relatifs aux ensembles concernés préalablement à son approbation par Arrêté du Ministre ayant la gestion des ressources en eau dans ses attributions.

Tout transfert d'eau douce en dehors du territoire national vers le territoire d'un autre Etat est soumis à l'accord préalable du peuple congolais consulté par voie référendaire.[1]

**Section 4. Pour une Charte africaine de l'eau**

Cette idée, partie de la Conférence euro-africaine sous le thème « Eau et territoires », organisée en mars 2005 par l'Académie de l'eau, à l'UNESCO et à laquelle ont assisté trente-deux pays d'Afrique, vaut la chandelle.

Compte tenu de l'ensemble des considérations y développées, il est opportun d'envisager l'adoption par l'Union africaine d'une « Charte africaine de l'eau », sorte d'outil innovant de protection de l'environnement aquatique, dans le prolongement de la Charte africaine des Droits de l'Homme et des Peuples, adoptée par l'OUA en 1981. Cette Charte constituerait une référence et un guide d'intérêt commun pour tous les pays africains dont beaucoup sont tributaires des mêmes ressources en eau, superficielles ou souterraines, partagées par plusieurs d'entre eux. Elle serait, pour chacun d'eux, un précieux outil opérationnel pour concrétiser de manière satisfaisante les diverses initiatives en cours ; mais aussi un moyen d'assurer à la ressource eau douce un avenir, dans le but d'éviter aux générations futures des désastres et prévenir ainsi le stress hydrique.[2]

C'est également une occasion de faire sceller aux Etats africains des engagements forts, couplés à des politiques partenariales efficaces qui permettront au continent d'une

---

[1] Lire la Constitution du 26 février 2006 de la République démocratique du Congo, article 214, alinéa 2.

[2] MOLINIER, C., « L'équité et la solidarité doivent être au cœur de la politique de l'eau », in *Géo économie*, n° 60, 2012, pp. 89-90.

part, d'accomplir la Vision Africaine de l'Eau pour 2025[1] et d'autre part, de réaliser à l'horizon 2030, les Objectifs de Développement Durable en cette matière, fixés en septembre 2015 par l'Assemblée Générale des Nations-Unies.

Dans cet ordre d'idées et au regard des enjeux que représente le bassin du Congo en Afrique, l'ouvrage propose une nouvelle stratégie qui déboucherait sur la mise en corps de cette charte africaine de l'eau, avec comme contenu, la création d'un Programme Commun de Gestion des Ressources Hydriques de l'Afrique comme voie de salut et dont les principaux axes ont été épinglés au début de ce livre.

Car s'il n'est ni possible ni souhaitable de tout prévoir, il convient de tracer des perspectives fiables à long terme, en ménageant les étapes nécessaires. La gestion rationnelle de l'eau, spécialement l'alimentation en eau potable et la lutte contre la pollution, figurent au premier rang des priorités.

Face à ce défi, à cette recherche d'équilibre entre solidarité et diversité, voire souveraineté, le domaine de l'eau douce constitue un champ d'action et de coopération pragmatique exemplaire pour construire l'avenir commun en plaçant l'Afrique sur la voie d'un développement inclusif et durable.

---

[1] Il s'agit de la Vision d'une Afrique où les ressources en eau seraient utilisées de manière équitable et durable pour la réduction de la pauvreté, le développement socio-économique, la coopération régionale et l'environnement.

# CONCLUSION

L'eau douce du bassin du Congo constitue une matière première stratégique. Son partage requiert plus que jamais une bonne planification à long terme afin de permettre à la RDC de nouer avec les pays qui sont dans le besoin une coopération stratégique mutuellement avantageuse. S'agissant des pays africains désireux de se ravitailler depuis le bassin du Congo en vue de garantir la vie de leurs populations, cette eau reste sans conteste, un facteur d'intégration régionale. Ledit partage de l'eau entre acteurs va ouvrir une coopération d'un ordre nouveau qui mettra en œuvre des vraies ententes entre bassins versants. Ce partage va s'ériger en tremplin pour favoriser le dialogue, la confiance et probablement, éviter d'éventuelles confrontations entre les différents pays se partageant cette denrée liquide.

De ce partage d'eau du bassin du Congo naîtra une forme d'équilibre géopolitique régional résultant de la diplomatie de robinet de laquelle va dépendre la survie, le développement ainsi que le progrès dans divers secteurs au sein des pays engagés. En d'autres termes, grâce à cet engagement stratégique entre les partenaires, le besoin de maintenir cet équilibre va encourager une politique d'ouverture qui va viser le partage de ce précieux et stratégique liquide.

Le développement durable, un des grands principes environnementaux, demeure une préoccupation des Nations-Unies. Pour cela, il se trouve au centre des débats actuels à la base de recherche des solutions sur les différentes tensions qui peuvent naître de relations interétatiques et d'éventuelles nouvelles menaces pouvant porter atteinte au vivre ensemble entre partenaires. Ce développement constitue une référence pour des politiques publiques et privées, un nouveau mot d'ordre sur lequel devrait se fonder la coopération internationale.

La coopération dans ce contexte va s'ériger en tant que pilier fondamental au service des politiques étrangères des partenaires en interaction pour l'atteinte de différents objectifs d'intérêts communs. Ces intérêts dès lors qu'ils lient des partenaires, permettent une gestion concertée et compétitive qui réduit bon nombre de confrontations éventuelles et renforce le bien-être des populations ainsi que le vivre ensemble entre les acteurs concernés.

De même, il est démontré que les interdépendances entre les Etats sur la question d'accès à l'eau, les conduisent à plus de coopération. Dans ce sens et avec la notion d'hydro-solidarité, l'eau devient un facteur susceptible de renforcer les liens de convivialité entre Etats en général et leurs populations, particulièrement entre ceux de l'Afrique en ce qui concerne l'eau douce du bassin du Congo. En clair, l'interdépendance se ressent comme un facteur inévitable et pourquoi pas, comme cet élément indispensable en ce XXI$^{e}$ où l'Afrique se cherche pour relever le défi de son développement !

L'interdépendance est essentielle entre Etats, car de leurs contacts permanents ils s'enrichissent mutuellement à travers toutes les formes d'assistance qui ont lieu entre eux comme à travers la politique de bon voisinage et la coopération qui renforcent la paix et le vivre ensemble.

En effet, la question d'interdépendance entre les différents Etats de l'Afrique Centrale et de tout le continent, autour de la distribution plus ou moins équilibrée des eaux du bassin du Congo, ne peut que conduire à cette coopération de rêve qualifiée de mutuellement avantageuse pour toutes les parties prenantes.

De par sa nécessité absolue parce qu'elle est la vie et essentielle aussi bien dans l'habitat, dans l'alimentation, dans la production que dans le transport et le bien marchand[1], l'eau traduit une réalité qui met face à face deux catégories d'Etats: d'un côté ceux qui en ont et de l'autre, ceux qui en manquent et qui veulent en avoir. Comment dès lors, concilier cette denrée aussi vitale avec, d'une part, les critères de coût d'un bien économique et, de l'autre, les innombrables besoins qui la sollicitent ? Cette double postulation place l'accès à l'eau douce du bassin du Congo entre contraintes économiques et exigences sociales. Sous cet angle, la RD Congo qui en est une grande détentrice, profiterait de son eau douce en tant que ressource stratégique, pour accroître son influence sur le plan régional, voire international ; tant il reste vrai que la valorisation

[1] LUMANDE MWALI, M., *Art.cit.*, p. 129.

et la gestion durable des ressources naturelles sont un levier important dans la réduction de la pauvreté et peuvent peser fortement dans le renforcement de la coopération régionale.

Cependant, la seule coopération volontaire ne saurait répondre aux multiples dimensions de la problématique de l'eau en Afrique et ailleurs. Des mécanismes qui permettent de compenser les rapports de puissance, de même qu'un minimum de valeurs communes, de principes et d'objectifs partagés, sont importants et recommandés dans toute forme de coopération. Ce qui traduit toute la nécessité d'un cadre juridique en cette matière.

En devenant un facteur de croissance économique entre les Etats de l'Afrique, l'eau douce du bassin du Congo va s'ériger en vecteur de richesse, de développement et de puissance.

La coopération et à travers elle, l'intégration régionale sont à l'état actuel des choses les deux composantes essentielles qui peuvent permettre d'éviter tout esprit de conflictualité entre les Etats signataires d'une forme de charte africaine de l'eau, axée sur la gestion et la distribution équitable. Car, au lieu de nourrir des visées belliqueuses les uns envers les autres, l'eau partagée entre partenaires dans un esprit de paix et de coopération peut développer une plus grande interdépendance.[1] A travers l'une de ses émissions, Radio France Internationale décryptant l'actualité[2] soutenait que « l'eau est un moyen par excellence de parvenir à la paix, un facteur de coopération lorsqu'il s'affiche une volonté politique réelle des dirigeants », c'est-à-dire lorsqu'il se manifeste un vrai engagement politique tenace de résoudre le problème d'accès à l'eau en Afrique dans le chef de ses dirigeants.

Si donc l'eau peut constituer un élément de crispation entre Etats, entre pouvoirs locaux, entre forces économiques et sociales, elle est aussi un moteur de coopération régionale, soutenu par un droit international en formation.[3] C'est ainsi qu'en matière de ressources en eau douce du bassin du Congo, le droit

---

[1] KAMERI MBOTE, P., « Eau, conflits et coopération : leçons tirées de l'expérience du bassin fluvial du Nil », in *Navigating Peace*, n°4, avril 2008, p. 3.

[2] Lors de l'Emission Décryptage, diffusée en date du 20 mars 2020 à 20h15'.

[3] FERRO, C., *Art.cit.*, p. 7.

international devrait œuvrer pour favoriser un mode de gestion concertée en mettant des clauses susceptibles de tracer des lignes directrices autour desquelles s'établirait le partage de l'eau en vue de promouvoir un certain équilibre géopolitique régional, gage de paix et de sécurité durable.

Peu importe ce que le futur réserve à l'humanité, point n'est besoin de conflit violent pour prouver que l'eau douce, cette grande richesse, don du ciel, donne au monde et à ses différents êtres vivants qui le peuplent, santé et vie. Tout en étant une denrée sensible, l'eau douce n'en demeure pas moins une ressource indispensable qui confère une existence à tout ce qui vit et respire. Elle peut servir de fondement dans l'établissement d'un climat de confiance et de point de départ potentiel vers la paix durable, gage du développement des nations.

# BIBLIOGRAPHIE

## Ouvrages


ASSOULINE, Jeanine et Samuel, *Géopolitique de l'eau*, Studyrama, Paris, 2012.

AXELROD Robert, *Donnant-Donnant : Théorie du comportement coopératif*, Odile Jacob, Paris, 1992.

BAKHOINNE Sylvestre, *Histoire de la diplomatie*, Librairies de Médicis, Paris, 1953.

BEAUD Michel, L'art de la Thèse. *Comment préparer et rédiger une thèse de doctorat, un mémoire de DEA ou de maîtrise ou tout* autre travail universitaire, La Découverte, Paris, 2001.

BELY Lucien, *L'invention de la diplomatie*, PUF, Paris, 1998.

BLANCHON David, *Atlas mondial de l'eau. De l'eau pour tous ?* Autrement, Paris, 2009.

BLOM Amélie et CHARILLON Frédéric, *Théories et concepts des relations internationales*, Hachette, Paris, 2001.

BONIFACE Pascal, *La géopolitique : 43 Fiches thématiques et documentées pour comprendre l'actualité*, Eyrolles, Paris, 2017.

BRUNDTLAND Gro Harlem (dir.), *Notre avenir à tous*, éditions du Fleuve, Montréal, 1989.

BRUNEL Sylvie, *Le développement durable*, « Que sais-je ? », PUF, Paris, 2004.

CLAVAL Paul, *Géopolitique et géostratégie. La pensée politique, l'espace et le territoire au XXe siècle*, Nathan, Paris, 1996.

CLOS Yves-Jean, *L'eau, arme stratégique du 21e siècle*, L'Harmattan, Paris, 2008.

COMPAGNON Daniel et CONSTANTIN François, *Administrer l'environnement en Afrique*, Karthala-IFRA, Paris, 2000.

COUTAU-BEGARIE Hervé, *Traité de stratégie*, Economica, Paris, 2008.

CROS Marie-France et MISSER François, *Géopolitique du Congo (RDC)*, Complexe, Bruxelles, 2006.

CROZIER Michel et FRIEDBERG Erhard, *L'acteur et le système*, Seuil, Paris, 1977.

DE CHAZOURNES Laurence et SALMAN Marie-Agnès, *Les ressources en eau et le droit international, Martinus Nijhoff Publishers*, Boston, 2005.
DE MARSILY Grégoire, *L'eau, Flammarion*, Paris, 2000.
DUPONT Christophe, *La négociation : conduite, théorie, applications*, Dalloz, Paris, 2000.
ENGELHARDT Edouard, *Du régime conventionnel des fleuves internationaux*, Cotillon et Cie, Paris, 1979.
FLIPO Fabrice, *Le développement durable*, Bréal, Monts, 2011.
FRANCOEUR Gaston et LAIME Martin, *Le dossier de l'eau : Pénurie, pollution, corruption*, Seuil, Paris, 2003.
GALLAND Franck, *L'eau : géopolitique, enjeux, stratégies*, CNRS, Paris, 2008.
GEMENNE Fréderic, *L'enjeu mondial, l'environnement*, Les Presses, Paris, 2015.
GLEICK Peter, *Water in crisis*, Oxford University Press, London, 1993.
GOUNELLE Max, *Relations internationales*, 7e éd. Dalloz, Paris, 2006.
HAUGIER Henry, Manuel pratique pour sauver la terre. Enjeux, défis, espérances, Sang de la terre, Paris, 2011.
HELLENDORFF Bruno, *L'eau, les conflits et la coopération-Gestion de l'eau en Afrique de l'Ouest : risques et opportunités*, GRIP, Bruxelles, 2013.
HUGON Philippe, *Géopolitique de l'Afrique*, SEDES, Paris, 2007.
ISSA DIALLO Ben Yacine, *Introduction à l'étude et à la pratique de la négociation*, Institut Henry Dunant, Genève, 1998.
KABENGELE DIBWE Godefroid, *Géographie économique et humaine de la RDC*, CAP, Kinshasa, 2013.
KASONGO NUMBI KASHEMUKUNDA, *Eaux et forêts de la RD Congo : un défi géostratégique*, L'Harmattan, Paris, 2008.
KWIMI KAFU Grégoire, *La géographie de la RDC*, L'Harmattan, Paris, 2005.
LABANA LASAY'ABAR et LOFEMBE BENKENYA, *Coopération internationale : évolution et approches théoriques*, Sirius, Kinshasa, 2006.
LACOSTE Yves, *L'eau dans le monde, les batailles pour la vie*, Larousse, Paris, 2010.

LASSERRE Frédéric et DESCROIX Luc, *Eaux et territoires : Tensions, coopération & géopolitique de l'eau*, L'Harmattan, Paris, 2003.
LASSERRE Frédéric, *Les guerres de l'eau. L'eau au cœur des conflits du XXIe siècle*, Delavilla, Paris, 2009.
LASSERRE Frédéric, *Les transferts massifs d'eau : Outils de développement ou instruments de pouvoir ?*, Presses de l'Université du Québec, Sainte-Foy, 2005.
LUKANDA Michel-Vincent, *Evaluation de base et de besoins pour la mise en œuvre en RDC de la politique nationale de l'eau dans une perspective de coopération régionale*, PUC, Kinshasa, 2005.
MANEGLIER Hubert, *L'histoire de l'eau, du mythe à la pollution*, François Masson, Paris, 1991.
MANGEMOSI LUWAWU MAKWALA Augustin, *La nouvelle géopolitique de l'Afrique médiane*, IPRIS, Kinshasa, 2016.
MERLE Marcel, La négociation, PUF, Paris, 1980.
MILLER Donald et alii, *L'Afrique en quête de paix*, Mukanda & Médias Paul, Kinshasa, 2004.
MOREAU DEFARGES Philippe, *La géopolitique pour les nuls*, First-Gründ, Paris, 2012.
MOVA SAKANYI Henri, *Congo : survie et grandeur, pari d'une géopolitique nouvelle dans la mondialisation*, Safari, Kinshasa, 2001.
MUTAMBAY KASONGO-KI Pierre, *L'eau, un des facteurs d'éradication de la pauvreté*, Médias Paul, Kinshasa, 2008.
MUTINGA MUTUISHAYI Modeste, *Le fleuve Congo et ses affluents : un château d'eau convoité. La guerre de l'eau aux portes de la RDC*, Le Potentiel, Kinshasa, 2014.
MWAYILA TSHIYEMBE, *La prévention des conflits en Afrique Centrale, prospective pour une culture de la paix*, Karthala, Paris, 2001.
NDA Paul, *Méthodologie de la recherche : De la problématique à la discussion des résultats*, Unic, Abidjan, 2006.
NGUYA-TIEN-DUC, *L'humanité mourra-t-elle de soif ?* Hydrocon, Paris, 1999.
ORSENNA Erik, *L'Avenir de l'eau, petit précis de mondialisation*, Tome II, Fayard, 2008.

PAQUEROT Sylvie, *Les différentes perceptions des biens publics à l'échelle mondiale : l'exemple de l'eau douce*, Court yard, Montréal, 2004.
PAUTET Arnaud, *Afrique(s), du continent oublié au continent convoité*, Ellipses, Paris, 2011.
PETRELLA Ricardo, *Le bien commun : éloge de la solidarité*, Labor, Paris, 1996.
PETRELLA Ricardo, *Le manifeste de l'eau. Pour un contrat mondial*, Labor, Paris, 1998.
POSTEL Sandra, *La dernière oasis. L'eau en danger*, Nouveaux Horizons, Paris, 1992.
RAINES Donatien, *Obsession de l'eau : sécheresse, inondation, gérer les Extrêmes*, Autrement, Paris, 2003.
ROYETTE Hilaire, *Les enjeux stratégiques de l'eau et les initiatives récentes*, L'Harmattan, Paris, 2006.
SHOMBA KINYAMBA Sylvain, Thèse de doctorat : Essence et apport, PUK, Kinshasa, 2019.
SIRONNEAU Jacques et LASSERRE Fréderic, *L'eau en tant qu'enjeu politique et stratégique*, L'Harmattan, Paris, 2004.
SIRONNEAU Jacques, *L'eau : nouvel enjeu stratégique mondial*, Economica, Paris, 1996.
SMOUTS Marie-Claude et alii, *Dictionnaire des relations internationales*, Dalloz, Paris, 2002.
SOHNLE Jochen, *Le droit international des ressources en eau douce : Solidarité contre souveraineté*, La Documentation française, Paris, 2002.
SOUNIA Gérard, *L'eau et le sol dans les géo-systèmes tropicaux, aires protégées d'Afrique francophone*, Jean-Pierre de Monza, 1998.
TAITHE Alexandre, *Partager l'eau. Les enjeux de demain*, Editions Technip, Paris, 2006.
THUAL François, *Méthodes de la géopolitique : Apprendre à déchiffrer l'actualité*, Ellipses, Paris, 1996.
WAWA Roger (dir.), *République Démocratique du Congo, mon beau pays*, Médias Paul, Kinshasa, 2010.
YEZI PYANA FUMU, *La géopolitique internationale du Zaïre*, Africa, Lubumbashi, 1979.
ZAJEC Olivier, *Les secrets de la géopolitique : des clés pour comprendre*, Tempora, Perpignan, 2008.

**Articles et Travaux scientifiques**

BAGULA CHIBANVUNYA Bertin, « *Principes de transfert des ressources en eau douce du bassin du Congo vers les pays à stress hydrique* », in Actes du premier colloque international sur la problématique de l'eau en RDC, PUK, Kinshasa, du 08 au 12 Mai 2007.

BARON Chris et BONNASSIEUX Alfred, « *Les enjeux d'accès à l'eau en Afrique : diversité des modes de gouvernance et conflits d'usages* », in Le Monde en développement, n°04, 2011.

BENZA KONGAWI Alphonse, Regard sur les atouts d'intégration à travers les ressources en eau du bassin du Congo : Cas de la CICOS, Mémoire de DES en RI, FSSAP, Université de Kinshasa, 2014.

BONGIMA SAMBIA Fidèle, « Le potentiel hydraulique de la RDC », in Analyse Stratégique, Revue d'Analyse des questions internationales et stratégiques, IRIES, Kinshasa, 2017.

BOUQUET Claude, « Conflits et risques de conflits liés à l'eau en Afrique », in Les Cahiers d'outre-Mer, n°255, 2011.

De VILLIERS Marq, « La géopolitique de l'eau », in Revue de deux Mondes, septembre 2000.

DRIS Alain, L'eau, matière stratégique et enjeu de sécurité au 21è siècle, Mémoire de DEA en Sciences Politiques, Université Paris X, 2005.

FERRO Coline, « L'eau : de la crispation à la coopération régionale », in VertigO, Revue des Sciences de l'Environnement, hors-série n°1, septembre 2016.

GUESNIER Benoit, « L'eau et le développement durable : un couple à gouvernance sociétale dans une coopération décentralisée », in Développement durable et Territorial, n°1 du 23 avril 2016.

JULIEN François, « L'eau dans les relations internationales : la guerre ou la paix ? D'un déterminisme à l'autre », in Dynamique internationale, n°2, 2010.

KAMERI MBOTE Patricia, « Eau, conflits et coopération : leçons tirées de l'expérience du bassin fluvial du Nil », in Navigating Peace, n°4, avril 2008.

KAMTO Maurice, « Le droit international des ressources en eau continentales africaines », in A.F.D.I., n°36, 1990.
LASSERRE Fréderic et BOUTET André, « Le droit international réglera-t-il les litiges du partage de l'eau ? », in Etudes Internationales, n°33, 2002.
LEGAULT Alexis et DESCHENES Dominique, « L'eau : pénurie, conflit ou coopération ? », in Le maintien de la paix, n°48, Québec, Octobre 2008.
LUTUTALA MUMPASI Bernard, « La géostratégie du bassin du Congo », in Atelier de réflexion sur la gestion durable des ressources en eau du bassin du fleuve Congo, Ecole de Santé Publique/ UNIKIN, du 31 janvier au 2 février 2006.
MAKIESSE MWANA Wa NZAMBI Daniel, « La coopération internationale : Théories et pratiques », in Actes du premier colloque international sino-africain sur défis et enjeux de la sécurité en Afrique : Quelles politiques et stratégies sino-africaines ? Vol. I, n°1, Kinshasa, juillet 2015.
MERINO Mathieu, « L'eau : quels enjeux pour l'Afrique Subsaharienne » ? in Note de la Fondation pour la Recherche Stratégique, n°20 du 10 décembre 2008.
MEUBLAT Guy, « La rénovation des politiques de l'eau dans les pays du Sud », in Revue Tiers Monde, n°166, avril-juin 2001.
MOLINIER Carlos, « L'équité et la solidarité doivent être au cœur de la politique de l'eau », in Géo économie, n°60, 2012.
MOVA SAKANYI Henri, «La géopolitique de l'eau : Plaidoyer pour une gestion stratégique des ressources hydriques de la RDC», in DOUNIA, Revue Scientifique du Centre d'Intelligence Stratégique et des Relations Internationales, n°1, novembre–décembre 2005.
MUSIBONO EYUL'ANKI Dieudonné, « Ressources en eau de la RDC, une opportunité pour son développement », in DOUNIA, Revue d'information et de recherche du CISRI, L'Harmattan-RDC, Kinshasa, juillet 2009.
MUTINGA MUTUISHAYI Modeste, « La guerre de l'eau à la porte de la République Démocratique du Congo », in Journal Le Potentiel, n°62, 09 septembre 2014.
NGILA MOKE Laurent, La théorie de l'émergence communautaire par l'intégration économique sous régionale.

Regard sur la CEEAC, Thèse de doctorat en RI, FSSAP, Université de Kinshasa, 2015.
NGIZO SIATILO Louis Abraham, De la géopolitique de l'eau pour un meilleur repositionnement régional de la RD Congo : Défis et perspectives, Mémoire de DES en RI, FSSAP, Université de Kinshasa, 2017.
NGOIE TSHIBAMBE Germain, « La géopolitique de l'eau et la conflictualité dans le bassin hydrographique du Congo », in Identités, ressources naturelles et conflits en RDC. Défis méthodologiques et voies de sortie ? Actes du Colloque organisé par la Faculté des SSPA/ Université de Lubumbashi, 15-16 avril.
OLIVIER Jean-Louis, « Le défi de l'eau en Afrique », in Annales des Mines : Responsabilités et Environnement, avril 2006.
ONIEMBA MUNDALA Franklin, « L'eau douce de la RD Congo : pour un avenir de paix ou de conflits en Afrique » ?, in MES, Revue Internationale des Dynamiques Sociales, n°108, janvier-mars 2019.
ONIEMBA MUNDALA Franklin, Eau et développement durable en Afrique : la problématique de l'importance géopolitique du bassin fluvial du Congo face aux ambitions des acteurs régionaux. Cas de la République d'Afrique du Sud, Mémoire de DES en RI, FSSAP, Université de Kinshasa, 2016.
PETRELLA Ricardo, « Pour un fonds mondial coopératif de l'eau », in Le Monde diplomatique, n°09, novembre 2003.
PILARSKI Cécile, La gestion partagée des ressources en eau dans le bassin du Congo : état des lieux et perspectives, Mémoire de maîtrise en études internationales, Université de Laval, Québec, 2009.
ROCHE Pierre-Alain, « L'eau au 21e Siècle : enjeu vital pour l'Afrique», in RAMSES, IFRI, Paris, 2000.
SAMIR Amin, « L'eau, bien commun des peuples », in Revue DOUNIA, n°1, novembre-décembre 2005.
TAKOY LOMEMA André, « Les ressources hydriques de la RDC », in Actes du premier colloque international sur la problématique de l'eau en RDC, PUK, Kinshasa, du 08 au 12 mai 2007.
TAMBWE Eddy, « RD Congo, Afrique : pour un nouveau paradigme géostratégique », in Revue DOUNIA, n°1, novembre-décembre 2005.

TSHIBWABWA Stanislas, « Transfert de l'eau du fleuve Congo au Lac Tchad : nouvelles observations pertinentes », in Journal Le Phare, 08 juin 2014.
WOLF Aaron, KRAMER Annika, CARIUS Alexander et DABELKO Geoffrey, « L'eau peut être un chemin vers la paix, et non vers la guerre », in Navigating Peace, n°1, avril 2008.

**Liens Internet**

http://www.cieau.com
http://www.cotebleue.org
http://www.operationspaix.net/afrique-du-sud.
http://www.wilsoncenter.org/water.
http://www.gwpforum.org/servlety/psp.
http ://www.notre-planete.info.
http://www.vertigo.revues.org/3979.
http://www.inegalites.fr/spip.php?article270
http ://ddc.arte.tv/nos-cartes/le-continent-afric
http://trinome.ac-rouen.fr/geopolitiqueeau.h
http://www.journaldelenvironnement.net
http://www.amisdelaterre.org
http://www.objectif21.org
http://www.google.com, programme hydraulique international
http ://www.unesco.org/water/wwap/index.shtml
http://www.worldwaterforum6.org/fr/accueil
http://www.agenda2063.au.int

TABLE DES MATIERES

## Structures éditoriales du groupe L'Harmattan

**L'Harmattan Italie**
Via degli Artisti, 15
10124 Torino
harmattan.italia@gmail.com

**L'Harmattan Hongrie**
Kossuth l. u. 14-16.
1053 Budapest
harmattan@harmattan.hu

---

**L'Harmattan Sénégal**
10 VDN en face Mermoz
BP 45034 Dakar-Fann
senharmattan@gmail.com

**L'Harmattan Cameroun**
TSINGA/FECAFOOT
BP 11486 Yaoundé
inkoukam@gmail.com

**L'Harmattan Burkina Faso**
Achille Somé – tengnule@hotmail.fr

**L'Harmattan Guinée**
Almamya, rue KA 028 OKB Agency
BP 3470 Conakry
harmattanguinee@yahoo.fr

**L'Harmattan RDC**
185, avenue Nyangwe
Commune de Lingwala – Kinshasa
matangilamusadila@yahoo.fr

**L'Harmattan Congo**
219, avenue Nelson Mandela
BP 2874 Brazzaville
harmattan.congo@yahoo.fr

**L'Harmattan Mali**
ACI 2000 - Immeuble Mgr Jean Marie Cisse
Bureau 10
BP 145 Bamako-Mali
mali@harmattan.fr

**L'Harmattan Togo**
Djidjole – Lomé
Maison Amela
face EPP BATOME
ddamela@aol.com

**L'Harmattan Côte d'Ivoire**
Résidence Karl – Cité des Arts
Abidjan-Cocody
03 BP 1588 Abidjan
espace_harmattan.ci@hotmail.fr

---

## Nos librairies en France

**Librairie internationale**
16, rue des Écoles
75005 Paris
librairie.internationale@harmattan.fr
01 40 46 79 11
www.librairieharmattan.com

**Librairie des savoirs**
21, rue des Écoles
75005 Paris
librairie.sh@harmattan.fr
01 46 34 13 71
www.librairieharmattansh.com

**Librairie Le Lucernaire**
53, rue Notre-Dame-des-Champs
75006 Paris
librairie@lucernaire.fr
01 42 22 67 13

www.ingramcontent.com/pod-product-compliance
Lightning Source LLC
LaVergne TN
LVHW021228061026
849535LV00008B/2969